오후수업

중년 리모델링

임경수 지음

∑ 시그마프레스

오후수업 : 중년 리모델링

발행일 2016년 9월 1일 1쇄 발행

지은이 임경수
발행인 강학경
발행처 ㈜시그마프레스
디자인 우주연
편집 류미숙

등록번호 제10-2642호
주소 서울특별시 영등포구 양평로 22길 21
　　　선유도코오롱디지털타워 A401~403호
전자우편 sigma@spress.co.kr
홈페이지 http://www.sigmapress.co.kr
전화 (02)323-4845, (02)2062-5184~8
팩스 (02)323-4197

ISBN 978-89-6866-780-0

이 도서의 국립중앙도서관 출판시도서목록(CIP)은 서지정보유
통지원시스템 홈페이지(http://seoji.nl.go.kr)와 국가자료공동목
록시스템(http://www.nl.go.kr/kolisnet)에서 이용하실 수 있습니
다.(CIP제어번호 : CIP2016020287)

이 책은 우리나라에 살아가는 중년들 38세부터 65세를 위한 책입니다. 전체 인구 5,100만에서 중년 인구는 2,100만이고, 인구의 40%를 차지하는 두터운 층입니다.

1900년 초에는 사람들의 평균 수명이 마흔이었고, 대부분의 사람은 훨씬 전에 사망했습니다. 인류에게 있어 평균 수명이 마흔을 넘는다는 것은 전체 인류 역사에서는 혁명에 가까운 사건입니다. 그리고 이제 마흔을 넘어 평균 수명이 70세 이상이 되었다는 것은 이제껏 관심이 별로 없었던 중년기라는 기간이 사회에서 중요하면서도 관심을 받는 기간이 되었다는 것을 말하기도 합니다.

그동안 인류는 40세를 기준으로 생애주기나 인간을 이해하는 사회 구조나 개인 구조에 익숙하게 살아왔습니다. 대부분

신분 사회거나 가부장적 사회 구조였던 그 시절을 정말 큰 변화 없이 매우 오랜 기간 익숙하게 살았을 겁니다. 그렇게 긴 시간 익숙한 구조에 살았던 사람들은 40년의 기간을 잘 적응하면 살아왔습니다. 그러나 이제 평균 수명이 70세를 훌쩍 넘어 80세가 된 우리나라는 1990년대 중반부터 중년기에 대한 사회적 문제가 대두되기 시작했습니다.

40세가 평균 수명인 시절에는 환갑이라는 나이 60세가 의미가 있었지만, 평균 80세가 가까워진 사회에서는 60세의 의미는 사라진 지 오래입니다. 이제 우리 사회의 관심은 과거에 거의 없었던 중년의 기간이 적게는 25년 정도 지속된다는 것입니다. 이 25년 정도의 기간에 어떤 일이 발생할 것인지, 그리고 어떻게 보내는 것이 가장 의미 있는 것인지, 중년 대다수는 알지 못한 채 사회와 가정 생활을 하고 있습니다.

중년의 시기는 늘어난 수명, 부부 간의 문제, 자녀관계 등 갈등이 기다리고 있는 또 한 번의 위기 기간입니다. 그러나 이 위기는 나만의 위기가 아니라 차이는 있으나 중년 대다수가 반드시 겪어야 하는 통과의례 같은 기간일 것입니다. 그리고 이 위기를 어떻게 관리하느냐에 따라 중년은 또 한 번 인생을 보는 마음이 달라질 수 있는 기회도 될 수 있습니다.

이 책은 중년을 시작하거나 중년을 보내고 있는 분들에게 도움을 주기 위해 중년기에 발생하는 내적인 감정의 혼란, 그리고 중년에 매우 민감한 외적인 변화들이 중년들에게 어떻게 영향을 주고 있는가를 알도록 하는 책이며, 그 과정에서 발생하는 혼돈을 설명한 책입니다. 그리고 과정마다 겪고 있는 사람들의 마음을 상담 과정을 통해서 실례를 보이려고 노력했습니다. 또한 이러한 혼돈 가운데 한 인간으로서 중년에 걸어가야 할 길은 어떤 길인가를 제시해 보았습니다. 이 시대를 살아가는 중년들에게 위로와 힘이 되는 지침서가 되길 바랍니다.

끝으로 책 출판을 흔쾌히 허락해 주신 (주)시그마프레스 강학경 사장님과 폭염에 수고해 주신 편집부 여러분께 감사드립니다.

2016년 여름
임경수

차례

제1장

중년기,
오후수업의 시작?

중년기란 어떤 시기인가

이제는 고인이 된 시사만화가 찰스 슐츠(Charles Schultz)가 연재한 만화 '피너츠(Peanuts)'에는 두 아이의 재미난 대화로 미국인들의 중년기 현상을 설명하고 있다. 이 연재만화에 어린아이 찰리와 루시가 중년기에 대한 대화를 나눈 내용이 있다. 찰리는 자신의 눈에 비친 근래 아버지의 태도가 이상해 보였다. 아버지는 아침 일찍 일어나 혼자 식탁에 멍하니 앉아 있고, 또 퇴근 후에는 하늘을 우두커니 쳐다보기도 하고, 그리고 밤늦게까지 홀로 무언가를 심각하게 생각하는 모습이었다. 예전에는 볼 수 없었던 특별한 모습이었기에 찰리는 아버지에 대한 걱정을 하는 것이다. 예전에는 자신의 질문에 대해 다정하게 설명해 주던 아버지가 어느 사이 무뚝뚝해지고, 단답형의 대답을 하니 아버지와 친근감이 사라진 것 같다고 했다. 이 말을 들은 루시는 찰리 아버지의 나이를 물어본다. 찰리는 아버지의 나이가 마흔이라고 답한다. 이 말을 들은 루시는 찰리 아버지는 보통 남자들이 겪는 중년기 시작이니 걱정할 것 없다고 위로를 한다. 풍자만화지만 만화에서 시사화되었을 정도로 중년기의 우울은 대다수의 미국 남성들이 겪는 증상이다. 그리고 현대인들에게 보편화되어 가고 있다.

또 미국인들의 중년기 현상을 말하는 내용이 있다. 남성이 단풍이 붉게 물든 가을에 붉은색 차를 홀로 타고, 컨버터블(차지붕을 열 수 있는) 차로 거리를 드라이브하면 '저 남성은 중년기에 들어섰다'는 속설이 있다. 미국 사회에서 벌어지는 사회상을 풍자화한 내용이지만 실은 선진국화되어 가는 한국의 현실에도 적용할 수 있는 내용이라 생각된다.

중년기를 연구한 영국 심리학자 엘리엇 자크(Elliott Jaques)는 이러한 중년기의 심리 상황을 아래와 같이 묘사한다.

> 통계적으로 남성은 마흔 무렵에 정신적 우울증세가 자주 발생한다. 여성의 경우는 이보다 약간 앞서 발생하는데 35세에서 40세 사이다. 인간의 정신적 구조에 이러한 중요한 변화가 중년기를 기다리고 있다. 이것은 의식적이거나 갑작스러운 변화가 아니다. 오히려 이것은 우리의 무의식에서 발

생하는 변화에 대한 간접적인 표시이다.[1]

중년기에 겪는 이러한 심리 현상과 그 의미는 무엇일까? 사실 '중년기'라는 단어는 20세기 초반에는 나타나지 않은 신종 언어이다. 그 이유는 사람 나이 마흔경에 찾아오는 중년기의 심리적 증상에는 우선 평균 연령이 75세가 전제되기 때문이다. 불과 100년 전의 사람들이 누린 평균 수명이 여성의 경우는 51세이고 남성의 경우는 45세였다. 당시 전체 인구의 10%만이 현재 중년층에 속하는 사람이었으므로 중년에 대한 관심이 적었다. 그러나 오늘날의 경우에는 생업 종사자의 평균 연령이 45세이고 보면 지난 한 세기 동안에 중년기에 해당하는 사람들이 증가했고, 사회 전반에서 가장 중요한 연령층이 된 것이다.

만약 지금 책을 읽는 독자가 자신이 중년기에 있는지 아닌지를 판단하고 싶다면 다음 말을 생각해 보라. "오늘 젊어 보입니다." 이 말을 듣고 기분이 좋은가? 그렇다면 당신은 지금 중년기일지도 모른다. 보통 젊은이들은 젊어 보인다라고 생각하면 반응이 신통치 않다. 왜냐하면 자신이 젊음 한가운데 있기 때문에 그 말이 마음에 크게 와 닿지 않는다. 오히려 불쾌하게 생각할지도 모른다. 그래서 단풍 드는 가을이 좋기는 하지만 젊은이들에게 그렇게 감동이 되지 않는 것은 젊음의 한 가운데 있어 그 입장에서 모든 것을 보는 경향이 강하기 때문이다. 그러나 중년기에 들어서면 이야기는 달라진다. 우리가 젊어 보인다는 말을 좋아하는 것은 중년이 내외부적으로 상실해 가는 것을 심리적으로나 외모적으로 느끼기 때문이다. 그래서 중년기에 사람들은 서서히 자신들이 거역할 수 없는 시간이라는 운명의 배에 자신이 타고 있다는 것을 조금씩 깨닫게 된다.

이 시기부터 보통 심리적으로나 외관적으로 젊음에 대해 과민 반응을 보이는 것은, 자신으로부터 떨어져 나가거나, 잃어가는 것에 대한 애착 때문이다. 그래서 중년이 되면 점점 잃어가는 건강, 외모, 능력 등에 대하여 관심을 갖고 이를 지키려고 안간힘을 쓴다. 해마다 수없이 개최되는 마라톤에 중년들이 너도나도 참석하는 것도 자신의 젊음을 증명해 보이고 싶어 하는 욕구 때문인지도 모른다.

필자는 40대 중반에 지하철에서 발생한 중년기에 대한 에피소드가 있다. 경기도에서 강의를 한 후 저녁 무렵에 지하철을 타고 귀가하는 중에 앉을 자리가 없어 서 있는데, 앞에 앉아 있던 청년이 자리를 양보하였다. 중년에 들어서긴 했지만 평생 처음 남으로부터 자리를 양보 받아, 너무 당혹스러워 앉는 것을 거부했다. 한편으로는 자리를 양보한 청년이 고맙기도 했지만, 다른 한편으로는 나를 그렇게 나이 들게 보았나 싶어 괘씸한 생각이 들었다.

이는 비단 나만이 아니라 중년이 되면 보편적으로 겪게 되는 일일 것이다. 그런데 젊음을 서서히 상실해 가면서 중년기에 들어서는 사람들은 일반적으로 말하는 '중년 전환기(mid-life transition)' 때로는 '중년 위기(mid-life crisis)'라는 기간을 맞게 된다. 이 기간은 청소년들이 중 2 무렵에 사춘기를 겪게 되는데, 개인에 따라 사춘기를 심하게 겪기도 하고, 약하게 겪기도 하고, 또는 있는 듯, 없는 듯 지나가게 되기도 하는 것처럼 모든 중년이 똑같이 겪는 것은 아니다. 마치 감기에 걸려도 어떤 사람은 심하게, 어떤 사람은 약하게 걸리고 지나가는 것과 같다. 이처럼 중년기에 겪게 되는 이러한 과정은 개인에 따라 다소의 차이가 있는 것은 분명하지만, 미국의 통계에 의하면 80%의 남녀가 겪게 된다고 한다.[2]

심리학자 칼 융(Carl Jung)은 인생 발달 과정에서 중년기의 중요성을 보았고, 이 중년기를 '제2의 사춘기'로 정의했다.[3] 제2의 사춘기와 청소년기의 공통점은 합리적이고 이성적인 판단보다는 감정에 많이 치우치는 단계라는 점이다. 사춘기는 근거 없는 낙관주의에 빠지거나, 감정에 휩싸여 객관적으로 평가를 못하고 열정에 사로잡히기 쉬운 시기이다. 이 열정에 반대하는 사람들을 이해할 수 있는 힘을 가지고 있지 않다. 사실을 보기보다는 감정에 더 지배당할 수 있는 시기이기도 하고, 매우 부정적인 시기에 빠지는 시기이기도 하다. 그래서 부모는 통과의례로 여기고, 이 시기에 넓은 범위를 만들어 줘서 당사자로 하여금 생각하게 하고, 가족들은 조금은 더 떨어져서 울타리를 쳐주는 것이 좋다.

청소년들이 사춘기를 겪게 되는 원인에는 호르몬의 본격적인 분비와 함께 청소년이 처해 있는 가정 환경, 부모와의 관계 그리고 사회라고 할 수 있는 학교 생활과의 관계성에 있다. 만일 사춘기를 적절하게 수용하고 이해할 수 있는 가족과 학교 생활을 보낸다면 조금은 완만한 과정을 거칠 수 있지만, 자신이 가족과 학교에서 수용될 수 없는 분위기라면 심한 사춘기를 겪게 될 수 있다. 마찬가지로 중년기에 겪을 수 있는 제2의 사춘기도 호르몬, 가정과 사회 환경의 역할이 영향을 미친다.

종교사회심리학자였던 피터 버거(Peter Berger)는 사춘기는 산업혁명 후 시대가 가져다준 결과라고 보았다. 산업혁명 이전에는 거의 모든 사회 구조가 가부장적이고 집단체계 속에서 개인의 운명이 정해진 대로 별 저항 없이 살아갔지만, 산업혁명 후 빠른 속도의 새로운 기술개발이 집단체계에 익숙해진 유전적 정신질서를 뒤흔들어 놓았기 때문에, 현실에 부적응하면서 발생하는 문제로 본 것이다.[4] 마찬가지로 중년기라는 용어나 현상도 시대가 낳은 산물로 볼 수 있다.

수만 년 전의 인류는 상당한 기간 동안 평균 40세 정도로 살았다. 그러기에 그 시기에 오늘날과 같은 중년 위기/전환기라는 것은 없었다. 생이 너무 짧았기 때문이다. 평균 수명 40세가 무너지고 70세가 된 것, 40세라는 평균 수명을 극복한 것은 인류에게 있어 혁명이다.[5] 그러나 지금도 음식, 의료, 주거 등의 시설이 열악한 제3국에서의 평균 수명은 여전히 40세 정도이다. 필자의 지인 중에는 열악한 의료시설과 의식주의 환경에서 해외 봉사하는 사람이 있다. 그가 40대 후반에 활력 있게 활동을 하고 있으면 그 지역 원로들(실은 지인과 나이가 비슷한 사람들)이 이 사람의 나이를 알고 놀라움을 표시한다고 한다. 평균 수명이 75세 이상이 되면, 40세 평균 수명에서 볼 수 없었던 사회현상이 다분히 발생하게 될 것이다. 예를 들어 사회학자들은 의술이 발전하면 사람 수명은 150세 정도까지 살 수 있을 것으로 예측한다. 만일 인류가 150세까지 산다면 우리가 현재 생각하는 결혼 연령과 결혼관 등 많은 것이 바뀔 것이다.

우리나라에 싱글로 살아가는 가구가 500만이 되었다. 이

500만이 산업 및 경제 그리고 주거시설에 미치는 영향은 파급적이다. 음식도 1인 가구가 선호하는 구조로 바뀌게 되고, 많은 가전제품도 4인 가족 기준에서 1인이 선호하는 제품을 선보이게 되고, 1인 가구가 필요로 하는 상품을 만들어 내고, 그들이 좋아하는 구조로 사회가 바뀌고 있다. 150세 수명은 일단 결혼 연령이 50세 정도로 상승될 것이다. 50세에 결혼을 하고도 100년을 더 산다면, 결혼은 한 번이 아니라 두세 번 정도하는 사회적 현상이 발생하게 될 것이라는 추측이다. 마찬가지로 평균 수명 40세에 오랫동안 유전자적으로 익숙한 현대인들의 신체와 정신구조 속에 75세 이상 살아야 한다는 것은 정신적으로 최소 35세 정도를 더 적응해야 하는 부담이 있을 것이다. 그리고 이러한 구조에 대하여 어떻게 적응하는 것이 잘하는 것인지에 대한 뚜렷한 답도 현대 사회와 현대인들이 찾아야 하는 과제라고 보는 것이 좋다. 수만 년 동안 지속된 40세 평균 수명에서 벗어난 것이 채 100년도 되지 않았고, 이 짧은 세월이 우리가 무엇을 어떻게 하며 살아야 하는지에 대한 청사진을 뚜렷이 보여주지 못한 상태이기에, 우리는 계속 이 기간에 적응하려고 노력하지만 동시에 중년기에 대한 사회적 그리고 가정적 문제들이 발생하게 될 것이다 .

늘어난 평균 수명으로, 25년이라는 중년의 기간을 어떻게 보내야 하는가는 많은 심리적 영향을 미친다. 중년 위기/중년 전환기라는 것에는 어떤 심리적인 변화가 있을까 하는 질문을 해본다. 그리고 이 전환기나 위기에 놓이면서 시작되는 '인생 오후수업'에는 어떠한 현상들이 있고, 왜 이러한 현상이 발생하는지에 대한 원인을 파악하고 그 대안을 생각해 나간다면 조금은 더 긍정적인 인생오후수업이 되지 않을까 생각해 본다.

중년기의 시작은

중년기는 언제부터 시작되는 것인가에 대한 정확한 답은 없다. 60~70년대에 중년기는 여성 35~60세까지, 남성 40~60세까지 보았다. 이유는 이 시기에 여성들은 20대 초중반에, 늦어도 20대 후반에는 결혼을 대부분하였기 때문이다. 그래서 여성이 35세 정도가 되면 자녀는 초등학교에 들어갈 나이가 된다. 남성의 경우는 보통 여성보다 3~4세 정도 많은 나이에 시작을 한다고 보았으므로 중년은 40세부터 시작한다. 그러나 오늘날은 결혼 연령이 늦어지고, 사람의 평균 수명도 80세 정도가 되었다. 자연히 수명이 10년이 늘어나니 결혼 연령도 늦춰지고, 중년기 연령도 자연히 늦춰지게 된다고 생각한다. 필자의 상담 경험에 의한 주관적인 평가는 현대인들의 중년기 연령은 여성 38~65세, 남성 40~65세이다.

평균 수명이 75세가 되면 중년기에 대한 관심들이 나타나는데 우리나라 사람들의 평균 수명이 바로 이 75세에 매우 근접하게 나타나고 있다. 이 평균 수명을 가지고 있으면서 남자의 경우는 40세부터, 여자의 경우는 38세부터 시작하여 65세까지를 중년으로 보고 있다. 물론 앞으로 수명이 더 길어지면 이 중년기의 기한도 더 길어지리라 생각된다.

미국의 경우 1950년대와 1960년대는 아동과 청소년에 대한 관심이 높았고 1970년대부터 중년기에 대한 관심이 높아지기 시작했다. 그 후 중년기에 대한 문제와 관심은 TV나 책, 영상매체 등을 통해서 점점 고조되고 있다. 이러한 상황에서 70년대부터 관심이 집중된 중년기에 관한 연구와 미디어의 영향은 확실히 중년기가 사회에 큰 관심 중의 하나인 것을 나타내는 증거가 되고 있다. 더구나 학자들 간에는 이 중년기의 용어가 20세기에 출현한 단어임에도 불구하고 이것은 오래전부터 중요한 인생의 단계로 보고 있다. 그것은 중년기는 인생의 전반부를 끝내고 이제는 인생의 후반부인 인생오후로 들어가는 전환점이 된다는 의미에서이다. 우리가 구태여 인생의 오후에 시작되는 중년기에 관심을 가져야 하는 이유는 통계적으로 이 시기가 범상치 않은 시기이기 때문이다.

> 인생의 오후에 발생하는 좋지 않은 많은 신경증세에 대하여 놀라워할 필요가 없다. 이것은 제2의 사춘기와 같은 것이며, 또 다른 '폭풍과 스트레스'의 기간으로, 흔히 정열과 연관되는 위험한 시기이다. 그래서 이 시기에 나타나는 이러한 문제들은 과거의 치료 방법으로 치료될 수 없다.[6]

중년기에 대한 관심은 미국의 경우 70년대 하버드대학교의 조지 베일런트(George Valliant)가 성공적 삶의 심리학(Adaptation to Life), 예일대학교에서는 다니엘 레빈슨(Daniel Levinson)이 쓴 남자가 겪는 사계절, 여자가 겪는 사계절(The Seasons Of A Man'S Life), 시카고대학교에서는 버니스 노이가르텐(Bernice Neugarten)이 중년에 대한 중요한 논문들을 발표했고, UCLA 대학에서는 로저 굴드(Roger Gould)가 변형 : 성인기의 성장과 변화(Transformation: Growth and Change in Adult Life)라는 중요한 책들을 발간했다. 또 기자인 게일 쉬이(Gail Sheehy)가 쓴 통행(Passages)이라는 책은 학문적이지는 않지만, 많은 중년들을 인터뷰한 내용을 중심으로 중년의 심리를 묘사하고 있다. 그리고 90년대 메디슨 카운티의 다리(The Bridge of Madison

County)라는 책과 영화가 나와서 많은 중년들의 관심을 사기도 했다.

우리나라에서는 중년기에 관해 90년대 후반부터 관심을 갖기 시작하였고 TV를 통해 중년기의 방황을 그린 드라마가 나와 찬반논쟁이 많았다. 필자의 의견으로는 90년대 후반에 '애인'이라는 드라마가 흥행을 하였고, 대도시를 중심으로 한 많은 사람들이 이 드라마에 공감을 했는데, 드라마가 진행되면서 소위 '애인 신드롬'이라는 현상이 발생하였는데, 이것은 드라마의 남성 주인공이 당시에는 약간 색다른 파란색의 와이셔츠를 입고 등장을 하였고, 대중들이 이 파란색 와이셔츠를 구입하려고 열광하여 파란색 와이셔츠가 품귀 현상을 빚었는데, 이것이 '애인 신드롬'이라는 사회현상으로 나타났다. 이렇게 드라마가 한 시대를 살아가는 사람들에게 공감을 주었다는 의미, 그리고 흥행했다는 것은 드라마 내용이 당시 중년층들의 마음을 움직이는 요소가 많이 있었다는 것을 의미한다.

중년기를 흔드는 감정에 대하여

중년기 연구에 있어 반드시 언급이 되는 영국인 심리학자 엘리엇 자크(Elliot Jaques)는 35세에서 65세까지의 기간을 중년기 전환기로 보고, 중년 위기가 발생하는 시기를 30대 후반에서 40대 초반으로 보고 있다. 그러나 이 위기는 개인에 처해 있는 가정 및 사회 환경에 따라 다양하게 발생한다고 보았다. 그는 유명한 310명의 예술가들의 일생을 조사하였고, 그리고 이들이 겪었던 심리적인 사실들을 다음과 같이 표현했다.

> (중년의 나이는 정신적으로) 쉴 곳이 없고, 사색적이 되며, 우울을 경험하고, 주변 환경에 민감하게 반응하고 화를 잘 내는 고독한 시기다. 자신의 감정에 대하여 설명하라고 하면 이들은 정확하게 자신의 감정을 설명하지 못한다. 30대는 자신의 환경에 대하여 만족하며 즐겁게 지낼 수 있다. 그러나 40대는 그렇지 않다. 이 시기는 푸른 초장을 그리워하며, 자신을 알아줄 수 있는 사람과 함께 멀리 도망하고 싶은 몽상을 하면 많은 시간을 보낸다. 이때는 자신의 상상이든 실제이든 정신과 육체가 서서히 쇠퇴해 간다는 사실에 슬퍼하고 이러한 증상을 음울하게 인식하게 된다.[7]

사실 자크가 서술한 위의 내용들을 풀어 보면 네 가지 내용으로 나타난다.

중년기는 쉴 곳이 없고, 사색적이 되며, 우울을 경험하고, 주변 환경에 민감하게 반응하고 화를 잘 내는 고독한 시기다

우리는 중년기를 '샌드위치 세대(sandwich generation)'라고 부른다. 자녀세대에 대한 책임과 부모세대에 대한 부양에 낀 세대이기 때문이다. 그래서 어느 세대보다 정신적으로나 경제적으로 민감한 시기이기도 하다. 중년들이 쉴 곳이 없다는 것은 집이나 거처가 마련되어 있지 않다는 것이 아니라, 사회의 경쟁 구조나 가정 내에서의 불편함으로 인해 정서적으로 쉴 곳이 마땅치 않다는 의미이다.

필자의 부친은 평생 샐러리맨이었다. 당시는 토요일도 출근해야 하는 빡빡한 일정을 소화해야 했고, 간혹 회사에서 불편한 일들이 있으면 퇴근 후 나와 어머니에게 불만을 토로하셨다. "더러워서 못해 먹겠다.", "당장 일을 그만두고 싶지만 너와 엄마를 위해 그만둘 수 없다."고 말씀하시곤 했다. 아직도 내 귀에 생생하고, 현대 사회처럼 경쟁이 치열한 구조에서 살아가야 한다는 것이 얼마나 어려울지, 그리고 아버지로서 삶의 힘듦에 대해 생각나게 하는 말이다.

물질의 어려움은 의식주와 생계로 직결되기 때문에 살아가기 위한 치열한 생존은 인간을 사색적으로 만든다. 특히 중년기에는 두 가지 구조가 중년을 더 힘들게 만든다. 하나는 가족이다. 자녀들 중 하나는 청소년에 진입하면서 부모의 기대와는 다른 방향으로 가거나(물론 이런 경우는 자녀에게 문제가 있기보다는 부부관계를 우선 점검해 볼 필요가 있음), 부부관계의 소원함이다. 그래서 부부 간에 대화의 장벽이 높게 있어 서로 자신의 세계 속에서 굽히지 않거나 나오지 않고 상대방을 보는 것들이 중년들을 더 사색적으로 만든다. 그리고 이런 상황은 결혼 초에 예기치 못했던 것으로 당사자들을 우울하게 한다. 중년의 우울증세는 남성들에게도 많이 발생한다. 중년부터 본격적으로 발생하는 남성 호르몬과 여성 호르몬의 비대칭성은 남성들을 감정적으로 침체하고 잘 삐치게 하는 반면, 여성들은 나이가 들어갈수록 대범함을 갖게 된다. 우스운 소리는 이 정도의 나이에 사는 여성들은 자신의 남편이 소심해졌다거나, 오늘도 출근 때 삐쳐서 나갔다는 말을 자주 하고, 남성들의 경우는 부인의 나이가 53세 정도 되면 어떤 이는 '쌈닭' 혹은 '대장'이라는 표현을 쓰는 사람들도 있다.

자신의 감정을 정확하게 설명하지 못한다

왜 중년 자신들이 이러한 감정을 갖게 되는지 정확하게 설명하지 못한다. 이것은 호르몬 분비로 오는 현상일 수도 있고, 동시에 중년이 처한 사회적 환경의 영향일 수도 있다. 여기에 첨부해서 두 가지 학설이 더 있다. 첫째는 인간수명이다. 인간수명은 앞서 말한 바와 같이 40세였다. 수만 년 동안 인류는 40세 무렵 자신들의 부모나 친척들의 죽음을 목도한 커다란 인생에 대한 슬픔이 있다. 바로 40세 무렵에 죽음을 맞이한다는 점이다.

인류의 조상들은 마흔 살 이후까지 생명을 존속해야 할 생물학적 혹은 부족적인 이유를 거의 가지고 있지 않았다, 마흔의 나이가 될 때 자녀들은 성인이 되었고, 생산적인 노동을 제공할 수 있는 적기는 다 지나가 버렸으며 부족에 대한 공헌은 이미 다 이행되었다. 마흔 살이 되면 남성들은 쓰러졌다. 나이 마흔을 넘어서는 인간 평균 수명의 연장은 인류 진화에 있어 가장 위대한 성취 중의 하나다. 그러나 초기 성인기를 끝내는 것은 두렵고 고통스러운 것으로 계속되고 있다. 왜냐하면 성인 중기(현대인으로 살아가는 지금의 중년 나이)라는 것은 인간 진화에 있어 최근에 얻은 것이기 때문이다. 마흔의 나이를 지나게 될 때 우리가 절실하게 느끼는

불안은 과거 인류의 고대 경험을 반영하고 있는 것이다. 즉,
현대인은 아직도 마흔에 생이 끝나는 인류의 고대 경험에
불안을 느끼고 있는 것이다.[8]

해가 정점을 찍고 서쪽으로 기우는 과정 속에 현대인과 인류는 죽음의 그늘에 놓이게 된다. 인류에 있어 최대의 적이기도 하고, 개인에게는 악마보다는 더 무서운 죽음은 현실이지만, 이것이 언제 우리에게 닥칠지 모른다. 그래서 늘 불안의 그림자가 인간을 본격적으로 중년기부터 다가오기 시작한다.

인간에게 가장 혹독한 것은 '죽음'이다. 이것은 모든 관계와 인간이 목표로 해서 살았던 것을 아무것도 아닌 것으로 되돌릴 뿐 아니라, 인간이 생존하고 관계성 안에서 사랑하고 애정을 가졌던 모든 가족들도 결국은 죽음이라는 결론인 '무'로 돌린다. 인간의 생명이 활동하기 위해서 필요했던 '시간'과 '공간', 그리고 생존하기 위해서 확보한 사회적 공간과 지리적 공간들이 아무것도 아닌 게 되어 가고, 사랑하기 위해 관계했던 모든 애정 관계가 없어진다는 불안이다. 이 레테의 강인, 망각의 강을 건너면 모든 것은 기억되지 않는다. 어린아이가 부모와 헤어지는 것을 가장 두려워하는 것은 자신이 홀로 남게 되고, 마치 그것은 죽음과 같은 버려짐에 대한 공포로 인한 것이

다. 수만 년 동안 40세에 죽음이라는 것을 경험한 인류의 유전자는 현대인들에게 전수가 되어 우리가 40세 어느 무렵이 되면 우리의 감정을 정확하게 설명하지 못하지만 표현하기 어려운 감정을 경험한다는 점이다. 그리고 어두운 감정의 탈출구를 찾으려 한다.

둘째는 스위스 심리학자 칼 융이 지적한 인생 오전과 오후 원칙의 문제다. 그는 인생을 해가 동쪽에서 떠서 서쪽으로 지는 180도의 반원형에 비유했다. 그리고 인생의 오전에는 성공과 성취라는 원칙이 태생적으로나 사회가 그것을 추구하고 있기 때문에 자연히 모든 사람이 그것을 갖기 위해 노력한다는 것이다. 그러나 인생의 오후에는 성공과 성취의 원칙만으로 인생을 정신적으로 건강하게 살아간다는 것을 불가능하다고 보았다. 왜냐하면 인생오후의 원칙은 '이타성'이 중심이 되어야 하기 때문이다. 인생오전에는 자신의 성공과 성취만을 바라보고 달렸다면, 인생의 오후에는 성공과 성취를 하는 최고의 목적이 이타성을 가지고 이웃과 사회를 생각하며 살아야 한다는 점이다. 그런데 문제는 오늘과 같은 경쟁적인 구조 속에서 익숙해진 현대인들, 그리고 이 경쟁이 가져다주는 재정이나 물질적 혜택에 익숙한 사람들이 쉽게 이타성에 들어가기보다는 이 경쟁 구도에 더 힘을 싣다 보니 인생오후의 정서적 구조가 함몰되어 삐거덕거리면서 정서적 문제가 발생한다는 것이다.

푸른 초장을 그리워하며, 자신을 알아줄 수 있는 사람과 함께 멀리 도망가고 싶은 몽상을 한다

푸른 초장은 현대인들에게 무엇을 말할까? 한마디로 '자유' 다. 때로는 중년이 된 남자나 여자나 자신들이 개인적으로나 가정에서 맡은 역할을 다 내려놓고 좀 자유로워졌으면 좋겠다는 심정을 대변하는 것이다. 푸른 초장을 한국 땅에서 보려면 넓은 초원이 있는 골프장이나 끝없는 수평선이 있는 바닷가에 가면 그 자유를 간접적으로나마 느낄 수 있을지 모르겠다. 직장인인 중년은 중년대로, 가정에서 주부로 일하는 중년은 중년대로 다람쥐 쳇바퀴 도는 것과 같은 단조로운 인생의 되풀이로부터 탈출하고 싶다는 생각은 누구나 한다. 모든 짐을 내려놓고 모든 부자유스러운 억압으로부터 자유롭고 싶다는 것이다. 그래서 어떤 이는 고속도로를 주행하다가 그냥 차를 탄 채로 하늘로 올라갔으면 하고 말하기도 한다.

필자의 아내가 가장 반기는 일 중의 하나는 남편이 밖에서 저녁식사를 하고 올 때다. 결혼한 후 한참 시간이 지난 후 알았지만, 간혹 저녁시간에 급한 약속이 있어 외부에서 식사를 하고 들어간다고 전화하면, 아내의 목소리가 섭섭한 것이 아니라 더 밝은 목소리로 변하는 것을 몇 차례 느껴서, 왜 그런지 물어보았다. 그런데 이런 답이 돌아왔다. 남편이 집에서 식사를 하면 수십 년을 같이 산 사람이지만 이것저것 준비하는 데 신경이 많이 쓰인단다. 그래서 남편이 밖에서 식사를 하거나 가족이 외식을 하면 이 짐을 덜어버리는 약간의 자유를 느낄 수 있다는 말이다.

자신을 알아줄 수 있는 사람과 멀리 도망하고 싶은 몽상은 부부 간의 대화와 감정의 소통이 더 이상 되지 않고 있는 답답함을 토로하는 것이다. 사실 부부 된 인연 중에 중요한 점은 서로 간에 전혀 다른 점들이 매력적으로 끌리게 되어 결혼을 한다. 예를 들어 외향적 성향인 사람이라면 배우자는 거의 내향적 성향인 배우자를 택하게 된다. 그런데 이렇게 좋던 것들이 중년기에 이르기까지 서로를 알아가는 꾸준한 대화를 하지 않게 되면, 대부분은 자신이 추구하던 익숙한 가치관과 구조를 주장하게 된다. 그래서 외향적인 사람은 내향적이고 자신을 잘 드러내지 않는 배우자가 좋아서 결혼을 했지만, 서로의 입장에 서서 이해하려는 대화를 하지 않았기 때문에 중년이 되면 내향적인 배우자가 답답하고 싫어 보인다. 자신들의 주장만을 되풀이하는 중년 부부는 이 시기에 정말 자신을 알아줄 사람이 있다면 도망하고 싶은 망상에 빠진다. 약간의 망상은 가능하겠지만 자주 되풀이되는 망상은 결국 현실감을 잃게 되어 관계를 더욱 악화시킨다.

정신과 육체가 서서히 쇠퇴한다는 사실에 슬퍼하고, 이 증상을 음울하게 인식한다

통계에 의하면 중년은 청년에 비해서 7% 정도의 체력에 저하된다고 본다. 물론 중년 초기의 체력을 바탕으로 한 평가다. 남성에게는 탈모, 여성에게는 새치와 주름이 본격적으로 얼굴과 머리를 중심으로 진행이 된다. 시력감퇴인 노안도 중년에 시작된다. 초기 중년은 청년기의 마음을 가지고 있다. 자신을 오랫동안 별 의식 없이 여전히 젊고 건강하다고 생각한다. 시간이 좀 더 경과하면서 신체나 정신 일부가 예전과 같지 않다는 사실을 서서히 인지해 가지만, 그 상황을 한꺼번에 수용하는 사람은 없을 것 같다. 그저 조금씩 서서히 수용하면서 동시에 저항하는 움직임이 있다.

　사실 이러한 신체적 · 정신적 변화는 크게 보면 두 가지의 부류로 행동이 나타날 수 있다. 하나는 '이제 인생오후에 대하여 어떻게 살아갈 것인가?'라는 질문을 가지고 조금은 더 진지한 인생살이에 대한 고민을 시작하는 경우와, 다른 하나는 사라질 것 같은 젊음에 대해 집착하는 경우다. 이 경우가 위험한 것은 인생의 주기적 변환을 의도적으로 거부하는 것이기에 부자연스럽거나 파행적인 인생오후의 혼란을 겪을 수 있다.

앞서 언급한 엘리엇 자크는 중년 위기가 발생하는 30대 후반에서 40대 초반의 현상(이 경우는 개인에 따라 빠를 수도 있고, 늦을 수도 있으며, 어떤 사람에게는 감기 앓듯이 지나치지만 어떤 이에게는 독감처럼 오래 지속되기도 한다)에 대해 다음과 같이 설명한다.

중년에 이르면 남녀불문하고 젊음에 머무르기 위해 건강과 외모에 우울증적 관심(hypochondriacal concern)을 가지게 된다. 그리하여 자신의 젊음과 성적인 힘을 증명하기 위해 배우자 외의 은밀한 성관계가 발생하고, 인생의 진지한 즐거움이 결핍하게 되어 공동화(hollowing)현상을 맞이하게 된다. 또한 종교적인 관심도 가지게 된다. 그런데 사실은 이러한 모든 증상은 중년기에 자주 발생하는 것으로서 흘러가는 시간에 저항하여 경주를 하려는 시도라고 볼 수 있다. 외부 활동에 있어서 삶의 감성적인 결핍이 생겨서 이 중년 시기에 인격의 퇴보가 나타난다. 그래서 이것은 도덕적 결핍과 용기의 결핍을 초래한다.[9]

건강과 외모에 우울증적 관심을 가지기 시작하는 중년기에서는 유달리 이 부분에 대한 관심이 증가된다. 상실해 가는 것을 그냥 지켜만 보는 사람은 없다. 노화를 늦추거나 젊은 시절로 억지로 끌어당겨 놓고 싶은 것이 사람의 마음이다. 그러나 중년기에 이르기 전까지 표시나게 느껴보지 못한 건강과 외모의 상실감은 이 시기 사람들에게 본격적으로 관심을 가지게 한다. 잃어버린 젊음에 대한 향수(鄕愁)감에 붙들리게 된다. 그래서 중년기 여성의 대부분은 관계성으로 이 향수를 달랜다. 중년 여성에게는 자신의 상황과 현실을 잘 이해해 줄 수 있는 사람, 많은 성공이나 업적이라는 현실도 중요하지만 이해, 수용 그리고 공감을 끌러내어 관계성을 형성할 수 있는 사람들의 필요성을 많이 느끼는 때이다.

남성들은 성적인 분야에 관심을 가진다. 필자는 이것을 남성인 수컷이 가지고 있는 본능적인 면에서 생각을 한다. 여성들은 성관계를 가질 때 그것을 힘의 표현으로 생각하지 않고 친밀성을 나타내는 관계성의 입장을 가지고 있다. 그래서 좋은 관계성을 가지지 않으면 남편에게도 성관계를 거부하게 된다. 그러나 남성들은 관계성을 가지기보다는 자신의 능력과 힘을 나타내거나, 여성에 대한 소유의 입장에서 성관계를 생각하고 있다. 그런데 이러한 관계성이나 힘을 증명하려는 중년들의 움직임은 이미 계약이 되어 있는 부부관계에서 도덕적으로나 양심적인 측면에서 바르지 못한 것을 알고 있기 때문에 이런 일에 깊게 개입될수록 개인의 정서세계는 허(虛)해지는 공동화의 구덩이에 떨어지게 된다. 사람은 한 배우자로 살아가는 것이 인간 진화 과정에서 가족의 생존을 위해서 가장 좋은 체계라는 것을 오랜 세월을 통해 습득했다. 그러나 또 한편에서는 늘어나는 수명, 많은 유흥거리, 집단체제에서 개인이 중시되는 개인화의 사회에 들어서면서 오랜 기간 익숙했던 가족 구조에 대해서 반기를 드는 경우도 있다. 그러나 책임을 지지 못하는 나, 신뢰할 수 없는 나, 믿을 수 없는 나의 반복되는 생활은 정신적 무력화 속으로 자신을 내밀치게 된다. 자신을 내밀치는 것은 새로 나타난 이성으로 인해 사람이 정신적 공동화에 빠져 현실인 가정과 직장 생활에 관심을 두기가 어렵게 된다는 것이다. 특별히 개인에 따라 다양하겠지만 필자의 상담 경험에서는 여성 38세 무렵, 남성은 40대 초반에서 중반에 이러한 현상이 많이 발생할 수 있다.

중년기 어느 시기에 감기처럼 때로는 독감처럼 우리에게 다가오는 정신적 아픔들이 있다. 그것은 우리의 젊음 상실과 함께 가정과 사회문화와 연관된 여건들이 더 복잡하게 만드는 것이기도 하다. 그리고 자신이 젊은 시절에 가진 확실한 가치관들이 하나둘씩 흔들리기 때문이다. 이 책에서 이러한 정신적 고통에 대한 문제들을 계속 언급하겠지만, 이 장을 마무리하면서는 심리학자 칼 융의 말이 좋을 것 같다.

일반적으로 사람은 과거 젊음의 환상에 고착되어 머무르려는 경향이 있다, 늙어가는 것은 모두가 좋아하지 않는다. 늙을 수밖에 없다는 것은 성인의 발이 아이의 신발에 들어가지 못한 것과 같은데, 이런 당혹감을 생각하지 않는 것 같다. 30세에도 여전히 유아와 같은 사람은 분명 한탄할 것이나 젊은 70대는 기뻐하지 않겠는가? 그러나 둘 다 잘못된 심리적 기형이다. 노래하고 정복하지 않는 젊은이는 젊은 시절의 가장 좋은 부분을 놓친 것이다. 골짜기의 정상부터 아래까지 내려가면서 시냇물의 비밀스러운 소리를 듣는 법을 알지 못한 노인은 비정상적이다. 그는 단지 과거의 엄격한 유산의 부스러기만을 가지고 있는 영적 미라다.[10]

제 2장

중년을 흔드는
세 가지 팩트

신체 노화, 질병, 그리고 죽음

사람은 성장하면서 형성된 자기의 정신적 세계와 외부 환경과의 상호관계를 통해서 자기세계를 만들어 나간다. 선천적으로 좋은 조건을 가지고 태어났지만 사회 환경이 열악하면 자신의 세계를 만들어 가는 데 장벽이 많아 좌절할 수 있고, 역으로 선천적인 조건이 좋지 않지만 우호적인 사회 환경 및 사람을 만나서 선천적 장애를 이겨내는 사람들도 있다. 중년기에는 앞으로 구체적으로 언급할 중요한 외부적인 요소가 세 가지 있다. 그러나 이 외부적인 요소에 대하여 개인이 어떻게 대처하느냐, 또는 중년부부와 가족들이 어떻게 대처하느냐에 의해 다양한 결과가 나올 수 있다.

미국에서 발행된 한 사전에는 중년기 위기를 재촉시키는 다섯 가지 요소를 (1) 신체의 노화와 질병, (2) 죽음에 대한 자각, (3) 결혼의 불만족, (4) 과거 꿈과 현실의 차이, (5) 자녀의 결혼 등으로 부모를 떠나버려 느끼는 빈둥지(empty nest) 현상이 중년들을 자기 정체성의 혼란을 경험하게 만든다고 보았다.[1] 다른 조사에서 비슷한 외부 환경이 중년기에 영향을 많이 주는 것으로 나타난다. (1) 저하되는 신체적 요인, (2) 문화적 요인, (3) 경제적인 문제, (4) 심리적인 요인으로 보고 있다.[2] 위의 것을 종합하여 중년기에 보편적으로 갈등을 일으키는 요인들은 중년기 성숙에 걸림돌이 될 수도 있지만, 반대로 이 요소들이 우리가 가진 가치관을 뒤흔들어 놓고 우리를 성장시킬 수 있는 계기도 될 수 있고, 또 다른 열린 세계로의 초대를 받을 수 있다고 본다.

　병을 달고 산 사람이라면 중년에 발생하는 질병이나 노화에 대하여 무덤덤한 반응을 보이겠지만, 특별한 병 없이 살다가 중년기에 접어들어 하나둘씩 신체에 이상이 발생하면 처음에는 민감하게 반응을 한다. 필자도 40세 중반 무렵에 동네 뒷산을 올라간 후 무릎을 구부리면 '부지직'하는 소리가 계속 들려서 정형외과를 방문한 적이 있다. 30대 초반의 여의사는 환자의 마음을 이해하는 것 같지 않았다. 나를 눕게 한 후 다리를 들게 한 후 이쪽저쪽으로 돌리기 시작했고, 엑스레이를 찍은 후 나에게 "다리에 기름이 다 닳아서 나는 소리예요."라고 진단을 했다. '기름이 다 닳아서……' 한참 동안 멍했다. 내 몸이 기계 구성품이 된 것 같았고, 그것이 이제는 노후되어 삐거덕거린다라는 표현이 불편했다. 진단 이후 약 처방을 해주면서 "청년이 아니니 무리하게 운동하지 마세요."란 말은 지금껏 잊어버리지 않는다. 민감한 시기에 무심히 던진 말 한마디로 내가 더 이상 청년이 아니고 이제는 나이가 조금 들어가는 중년이 되었구나 하는 마음이 들었다.

어떤 이는 휴대전화가 고장이 나서, 마련하는 김에 날렵한 놈을 구입하려고 매장을 방문하였는데, 눈치 없는 점원이 이 중년을 보고서 '효도폰'을 내밀었단다. 글자판이 손톱 크기만큼이나 큰 효도폰을 보자 허탈함이 밀려와서 없어 휴대전화를 보는 듯, 마는 듯하고 다른 매장으로 돌아서면서 그 점원에 대하여 불쾌감을 드러냈다고 한다. 몸은 늙어가지만 휴대하고 다니는 물건까지 올드한 것을 사용하기 싫은 심정을 그 점원은 왜 몰랐을까?

젊은 시절에 이해 못했던 것 중의 하나가 고속도로 휴게소를 들를 때마다 중년 이상 된 사람들이 비싼 음료, 예를 들어 인삼이나 홍삼이 들어간 건강 음료를 마시는 것이었다. 나는 속으로, 물이면 되지 왜 저런 음료를 애타게 찾아서 마시는 것일까 하는 생각을 하며 40대 중반까지 지낸 것 같다. 그러던 어느 날 필자는 고속도로 휴게소에 들렀다가 내 발이 자동적으로 건강음료 파는 곳으로 향했고, 거기서 십전대보탕을 구입해서 마시는 나를 보고 허탈한 웃음을 지은 적이 있다. '아, 나도 이것을 마시는 나이가 된, 별 수 없는 사람이구나!'라고 생각이 들었다.

중년기에 발생하는 신체적·심리적 변화는 자신들이 30대 후반 또는 40대 초반에 느꼈던 최절정의 건강에서 그 이하로 떨어진다는 점이다. 옛날처럼 빨리 뛸 수도 없고, 빨리 뛴다 해도 발보다는 배가 먼저 나가는 것 같다. 불편한 시력은 짜증을 유발하고, 안경을 사용해야 하고, 안경에 처음 적응하는 눈으로 한동안 정신이 날카로워지기도 한다. 그리고 이것은 본격적인 노안의 시작이라는 의사의 진단도 받게 된다. '노안이라니!'라는 현실적으로 수용할 수 없지만 눈의 텁텁함은 시간이 갈수록 더해 간다. 더구나 공부할 것이 있어 책을 읽어도 예전처럼 바로바로 기억이 되지 않는다. 한쪽 귀로 듣고 다른 쪽으로 아주 자연스럽게, 아무것도 학습하지 않은 것처럼 깨끗하게 잊어버린다. 이러한 현상들이 몸과 정신에 나타나면 중년들은 서서히 자신의 몸에 대한 관심을 보이기 시작한다. 절주, 금주, 금연을 목표로 하고, 몸을 만들기 위해 헬스장에 등록하고, TV를 볼 때도 건강 관련 프로그램에 눈을 돌리고, 좋은 음식과 약에 관심을 가지기 시작한다.

인생의 발달 과정에서 자신 스스로 체력 저하와 질병을 경험해야 하는 중년은 중요하면서도 고통스러운 시간이다. 이때 시간은 화살처럼 빠르다는 걸 실감하고, 젊음이 자신에게서 빠져나갔다는 것에 대해 화를 낸다. 시간이 이렇게 빨리 지나면, 그 끝에는 무엇이 남을까? 하는 생각에 때론 죽음에 대한 불안을 느끼기도 한다. 무한할 것 같은 인생이 예전과 같은 상태가 지속될 것이라는 막연한 기대를 가지고 산 내 인생에 무슨 일이 일어나는 것일까라고 생각하기도 한다. 그래서 침울해지고, 일상생활을 방해할 만큼 이러한 질문들이 중년에게 도전해 온다. 이로 인해 그들은 한밤중에 귀가하는 일이 많아지고, 혼자 술집에 오랫동안 남아 있거나, 새벽 4시에 종종 깨어 스스로에게 질문하기도 하고,[3] "내가 왜 이러는 걸까?"라고 혼잣말을 하기도 한다.

중년기 전환이 서서히 시작되든 혹은 갑자기 시작되든 중년기에 속한 사람들은 상실감과 모든 감정적 변화에 지배받는 것을 느낀다. 침울하고 막연하게 느끼는 상실감으로 슬픔, 한계성을 더욱 실감하고 이것에 예민하게 반응하여, 자신의

죽음에 대한 공포감과 같은 것들을 부인하고 합리화시키는 것들이 나타난다.[4]

신체의 노화와 질병은 상실을 의미한다. 자신의 것을 상실해 가는 것을 흔쾌히 수용할 사람은 없다. 개구리가 서서히 미지근한 물을 경험하다가 뜨거운 물 안에서 죽어가는 것과 같이, 신체의 노화와 질병은 중년이 되면서 더 이상 세포의 분화가 되지 않아 늙어가는 과정에서 발생하는 것이다. 이 과정에서 중년은 크게 두 가지 현상을 겪게 된다. 첫째는 회춘(回春)에 대한 욕망이다. 회춘의 욕구는 중년 자신이 신체나 정신적으로 자신의 노화를 민감하게 느끼게 될 때 시작된다. 그래서 젊은이들이 이 시기에는 부러움의 대상이기도 하고 시기의 대상이 되기도 한다. 자신이 젊은 날의 소중함과 푸릇푸릇함을 느끼지 못하고 산 세월인데, 이 젊은이들은 자신이 인지하지 못하고 산 세월을 누리고 있다는 시기심이다. 젊음은 뛰어도 지치지 않고, 수수하게 다녀도 그 자태가 자연스러움으로 나타나는 것이다. 그래서 그것을 소유하고 싶은 것이다. 그리고 이것이 더 진행이 되면 젊은이들이 탐욕의 대상이라고 느낄 수도 있다. 이 원리는 마치 청소년들의 폭행 내면에는 자신을 인정해 달라는 것과 집안의 구조에 대해 항거를 하는 것과 같이,

중년의 이러한 심리의 심층에는 불사성(不死性)에 대한 강렬한 욕망이 담겨 있는 것이다.[5] 둘째는 세월이 이렇게 빠르게 지나니, 자신의 중년 시기를 어떻게 가치 있게 보낼 것인가에 대한 고민이다.

> (사랑하는 젊은 사람이 있을 때) 나의 모습과 몸은 예전과는 다른 큰 차이를 보였다. 사랑하는 젊은 사람과 정겨운 대화와 피부 접촉이 있을 때, 그 눈 속에 특별히 빠져드는 빛나는 것을 볼 수 있었다……. 젊은 사람과 함께 있어 자극을 받고, 피부 접촉이 되면 더 이상 나이를 느끼지 못하고 나 역시 젊다는 느낌이 든다.[7]

중년은 사회와 가정에서 샌드위치처럼 담당해야 할 일들이 많다. 회사에서는 성과를 내야 하는 중간직이며, 성과가 나지 않으면 평가절하로 인한 퇴사에 대한 무언의 압력이 있다. 부모의 부양과 성장하는 자녀에 대한 양육과 교육비에 대한 부담은 가중된다. 또 한편에서는 좀 그럴듯하게 살고 싶기도 하다. 그래서 중년기에는 어쩌면 갑자기 책임을 져야 할 스트레스가 과중되기 때문에 이런 것들과 다투면서 자신의 심리적 균형, 탈출구를 찾으려고 애쓴다. 때로는 이러한 과중한 짐을 내려놓고 싶어지기도 하고, 짜증과 분노가 자주 나타나기도 한다. 이러다 보니 가족의 평범한 한마디도 짜증과 신경자극으로 들려지기도 해서 이 모든 억압으로부터 벗어나기 위해 자기중심의 쾌락추구를 하고 싶은 욕구를 갖는다. 이 시기의 중년은 이 모든 상황으로 인해 자신의 인생이 합리적이지 않고 꼬여 있다고 생각하기도 하여, 자신이 생각해야 하고 느껴야만 하는 자신만의 공간과 시간을 필요로 하여 예전과는 다른 태도와 변화가 발생한다.

A는 회사에서 중간 짐을 지는 역할을 하는 중년이었다. 가족 부양과 회사의 업무, 그리고 체력이 예전 같지 않은 자신, 또는 외적으로 느끼는 노화에 대한 불안으로부터 탈출구가 필요했다. 이러한 스트레스로부터의 탈출구는 젊음을 회복하는 것이었고, 이 회복의 선택은 정력을 보강하는 것과 외적인 피부와 의상에 대한 변화를 추구하는 것이었다. 병원을 다니면서 남성성을 증강시키는 치료와 피부에 대한 관리를 받으면서 그는 20대 중반의 여성과 바람을 피우기 시작했다. 젊은 여성과의 관계는 가정과 회사의 스트레스로부터 탈출할 수 있는 통로를 제공해 주었고, 남성으로의 자신감과 활기를 되찾은 느낌이었다.

일본 중년 남성 200명의 삶을 살펴본 오쿠다 쇼코는 한 중년 남성의 일탈 후기를 다음과 같이 말한다. "늙는 게 무서웠

어요. 갱년기 증상이 나타난 것이 (바람의) 직접적인 계기였어요. 그러나 증상이 회복된 뒤에도 정력을 키우고 싶어서 치료를 받았어요. 늙음에 저항하고 싶었던 거죠."[6]

수년간의 바람은 가정의 혼란과 파탄을 가지고 왔는데, 그는 자신이 바람을 피우게 된 주된 이유를 가족으로부터 받는 스트레스와 젊음의 상실로부터 오는 허망함에서 벗어나고 싶었던 욕망 때문이라고 말한다. 과한 스트레스는 과한 일탈을 꿈꾸게 할 가능성이 많다. 과중한 스트레스는 과중한 어떤 것으로 해소를 해버려야 할 상관성이 있다.

이러한 현상을 단순히 중년기 남성들의 현상이라고 생각하면 오해다. 게일 쉬이(Gail Sheehy)는 자신이 인터뷰한 미국의 50대 중년 여성들은 나이가 들어감에 따라 성적인 모험을 하고 싶은 변화가 있고, 이들의 절반은 이미 젊은 애인들이 있었으며, 이들 중 어떤 이는 스무 살이나 어린 남성들과 관계를 가지고 있었는데, 이유는 자신의 남편이 성에 대해 관심을 갖지 않기 때문이며, 부부 외의 성관계를 가지는 여성은 10명 중 4명으로 나타났고, 이러한 가장 큰 이유는 남편의 성 기능 저하로 평가하였다.[8]

늙어가는 것을 실감하면서 그것에 저항하고 현실에서 상대적으로 젊은 사람들에게 빠지는 것은 사람이 나이 들어가는 현상을 수용하지 못하는 불사성에 대한 욕구다. 이 불사성의 욕구를 움직이는 강력한 근원은 청년기에 소유했던 젊음의 원형이고, 이 원형의 강력한 욕구가 늙음과 그 결과인 죽음에 충돌을 일으키는 것이다.[9]

나이 들어가는 것, 또는 질병이 조금씩 발생하는 것은 인생 주기에서 매우 자연스러운 현상인데, 이것을 너무 민감하게 스트레스를 받아가면서 느끼게 하는 개인이나 사회 환경이 이러한 중년의 위기문제를 더 부추길 수 있다. 필자의 지인은 독일에서 오랫동안 생활을 하고 있는 사람이다. 어느 날 해외 생활을 많이 한 지인에게 한국과 독일의 차이가 있다면 무엇일까 하는 질문을 하였다. 그는 잠시 생각하더니 우리나라 사람들이 너무 민감하게 반응을 한다는 것이다. 예를 들면 건강이라는 것, 미(美)라는 것은 세계 모든 사람들이 관심을 가지고 살아가는 것이고, 독일 사람들도 관심을 가지고 살아가지만, 한국 사람은 병적으로 집착하는 것 같다는 말을 했다. 돌아서서 사무실에서 생각해 보았는데 그 말이 일리가 있는 것 같았다. TV를 봐도 몸에 좋은 음식, 약 관련 프로그램이 상당수이고, 자신의 미를 어떻게 관리하고 꾸며야 하는지, 그리고 외적인 외모에 과다하게 치중하다 보니 성형이나 치열 교정 같은 것은 선택이 아니라 거의 국민 필수사항으로 된 것 같은 느낌이다. 이것은 우리가 내면적 세계가 너무 약해서, 자신의 존립 이유를 외적인 것에 중심으로 두고 살아간다는 것은 아닐지 생각해 보았다. 한마디로 말하면 우리 모두가 과도한 '불안'에 놓여 있다고 보는 것이 좋을 것이다.

노화나 또는 죽음은 자연 현상이며, 피할 수 없는 죽음은 죽음의 경험이 흔한 시대(의식주 및 의료시설의 열악)에는 숙명처럼 받아들일 수 있었지만, 끊임없는 노화와 죽음을 극복하고 정복해 나가고자 하는 현대 문명 속에서는 중년기에 본격적으로 발생하는 노화와 죽음을 자연스러운 현상으로 수용하기에는 무리가 있다. 그래서 오늘날 우리는 중년기를 '신(新)중년', '꽃중년'이라는 표현을 쓴다. 중년은 이제 더 이상 노년으로 가는 전단계가 아니라 새로운 것을 다시 나타낼 수 있는 시기라는 것이다. 그래서 그런지 오늘날 중년은 죽음의 대열을 벗어나기 위해 젊은이들이 추구하는 트렌드를 따라 미적인 것을 추구하기도 한다. 20~30대가 선호하는 의상과 디자인에 관심을 가지고 따라 하는 것이나, 성형에 관심을 가지는 것도 그와 같은 맥락일 것이다.

B는 잘나가는 전문직 직장인이다. 중년에 들어서면서 그는 자기관리에 열정을 쏟았다. 음식을 가려 먹고, 반드시 칼로리를 계산하여 음식을 섭취하며 몸무게를 조절하고 근육도 키워

나가는 소위 신중년이다. 경제력도 넉넉하여 풍요롭게 살아가는 사람이다. 신중년을 추구하는 그의 모습은 젊은 청년의 모습이다. 슬림한 체격과 그에 걸맞은 청춘의 옷을 걸치고, 일주일에 한두 번씩 피부 관리를 받으며 이러한 것들을 통해서 자신의 존재를 입증하고, 차별성을 두고 자신의 중년기를 보내고 있다. 그런데 문제는 항상 자신의 배우자에게 향하고 있다. 자신과 다르게 몸매 관리를 하지 않고, 목적 지향적이지 않는 배우자, 만질 때마다 관리하지 않아 짜증나게 하는 두툼한 뱃살은 비난의 대상이다.

몸을 관리하지 말라는 것은 아니다. 그러나 참 슬픈 것은 우리가 '이제 인생을 어떻게 살아가는 것이 의미 있는 것인가?'라는 의미성보다 표면적인 것에 너무나 많은 관심이 가 있다는 점이다. 우리가 인생길을 걸으면서 당면해야 할 문제를 통해 우리 고집스러운 편견과 오만의 벽을 깨버리는 것이 아니라, 오히려 마술 같은 젊음의 외모, 스타일, 젊음의 촉감에 사로잡혀 치료받을 수 없을 지경에 이르렀다는 점이다.[10] 그래서 중년기는 나이 듦과 죽음, 젊음에 대한 향수로 인해 심리적으로 더 복잡한 시기가 된다.

풍요의 배반과 결핍의 좌절

지금 우리나라는 어느 시대보다 경제적 풍요로움과 다채로운 음식의 향연 속에 살고 있다. 더구나 음악과 더불어 파생되는 예능 세계의 다양함은 현대인으로 하여금 생존보다는 삶의 여유를 과거보다 더 많이 경험하면서 살게 한다. 한마디로 '소유'하면서 격조와 품위를 높이고 자신의 '존재감'으로 받아들이는 시대로 변하고 있다. 생존이 급급한 시절에 개인의 감정이나 정서적 돌봄 같은 것은 사치였지만, 그 당시 간과된 것들이 이 시대에는 중요한 것으로 돌아서고 있다.

오프라인 매장보다 온라인 매장을 통한 매출이 더 많은 시대인 것으로 보면, 상품과 기호에 따른 다양한 요소들이 현대인들의 존재감을 더해 주는 것이다. 그래서 현대인들에게 어떤 것을 소유한다는 것은 자신의 존재감과 직결될 수 있는데, 내공이 없는 한 이 조류에 휩쓸릴 수밖에 없을 것이다.

소유를 가능케 하는 것은 돈이다. 이 돈인 경제적 능력은 현대인들에게 자기실현을 했다는 것과 불안한 사회 환경 속에서 안전을 보장한다는 의미다. 그런데 중년들은 자신들이 청소년과 청년시절을 겪으면서 품어 왔던 자기실현의 결정체가 중년 시기에 나타나게 되는데, 자신들이 품었던 꿈과 현실이 어떠한 관계에 있는가에 따라 민감한 중년기를 보낼 수밖에 없다.

중년기에 문제를 많이 일으킬 가능성이 있는 사람들은 경제적으로 풍요로운 사람들이다. 미국의 경우는 전문직에 종사하거나 사업을 운영하는 사람들이다. 우리나라의 경우도 마찬가지일 것이다. 너나 할 것 없이 사람은 경제적 풍요를 성취하게 되면 평상심을 유지하기가 쉽지 않다. 대부분의 사람이 경제적 어려움이 있거나, 풍요롭지 않은 환경에서 어떤 목표를 향해 부지런히 일을 할 때는 가정과 부부문제에 이상이 많이 발생하지 않는다. 그것은 목표가 있고 그것을 향해 나아가고 있기 때문이다. 그러나 어느 단계에 이르러 이제 완성이 되었다고 하면 그때부터는 목표는 사라지고 다른 일들이 발생하게 된다.

이스라엘에서 국가적으로 추앙받는 왕은 '다윗(David)'이다. 얼마나 존경을 받는 인물인지 이스라엘 국기에 '별'이 있는데, 이것이 다윗 왕을 기리는 별일 정도로 사랑을 받는 인물이다. 그는 실력과 진정한 신앙을 겸비한 국가의 왕이었고, 고난의 시기를 견디면서 왕에 등극한 입지전적 인물이다. 왕권국가가 되면서 이스라엘의 초대 왕은 사울이 되었다. 초기에 나라를 잘 관리하였지만 시간이 지날수록 그의 정치는 함몰되어 갔다. 이 와중에 다윗이 전쟁을 통하여 일약 국가의 스타로 부상하였고, 국민의 관심이 다윗에 집중되자, 그는 당시 왕인 사울의 경쟁 대상으로 미움을 받기 시작하였다. 그래서 죽음의 고비를 많이 경험하였고, 쫓기는 신세가 되거나 망명해야 하는 일도 있었고, 미친 척 위장하여 목숨을 연명해야 하는 비굴한 시기도 있었다. 이런 고비를 거치면서 그는 자신에게 닥친 절체절명의 순간들을 하나님을 의지하며 시를 썼고, 이 기도의 시가 바로 성서에 수록된 시편이다.

이러한 위기를 다 극복하고 다윗은 30세에 왕에 등극한다. 왕으로 등극하지만 사울 왕을 따른 사람들, 주변국과의 관계 등 해결해야 할 많은 난제 속에서 지내다가, 왕권이 안정되고 풍요를 누릴 시기인, 통치한 지 18~19년 사이에 아주 비참한 치정사건이 발생하게 된다. 당시 이스라엘은 이웃국가와 접전 상태에 있었는데, 그 전쟁에 다윗은 참가하지 않았고, 왕궁 주위를 맴돌다가 성 밖 주택에서 목욕을 하고 있는 밧세바라는 여성에게 시선을 뺏기고 말았다. 결국 그 여인을 성으로 불러들여 관계를 맺은 후 집으로 돌려보냈다. 이때 다윗의 나이가 49세였고, 그 여인의 나이는 21세였다. 여인의 임신 사실이 두려워 전쟁터에 나간 그녀의 남편에게 복귀 명령을 내려 부인과 잠자리를 하게 하여 임신을 위장시키려고 했지만, 충직한 군사인 밧세바의 남편 우리야는 전쟁터에서 고생하는 부하들을 생각하여 집으로 들어가 부인과 함께 잠자리를 하지 않았다. 자신의 계획이 실패하자, 고민에 빠진 다윗은 더 악한 계획을 생각하다가 간접살인을 계획했다. 다윗은 밧세바의 남편을 생사가 오가는 최전방으로 보냈고, 그곳에서 전사를 하였다. 우리야는 그렇게 죽었고, 다윗은 그렇게 피해 나갔다.

이 내용은 정말 비참한 내용이다. 옛말에 권력과 물질에는 여성이 따른다고 했지만, 그렇게 추앙받는 인물이 한순간에 한 가정을 풍비박산내고 더구나 간접살인으로 사람을 죽이게 된 때는 다윗이라는 인물이 환경적으로 어려울 때가 아니었다. 오히려 그가 어려운 환경에 처했을 때는 하늘을 쳐다보며 도우심을 구했고, 그 어려움을 신앙의 시로 승화시켜서 오늘날 그의 시를 읽는 사람들은 그 시율과 내용에 무릎을 조아린다. 그러나 그의 상황이 옛날과 같지 않고, 권력 앞에 모든 것이 가능하다는 사실을 눈으로 경험하는 순간부터 그는 더 이상 옛날의 그가 아니었다. 물론 후에는 자신의 이런 추한 일들에 대한 후회와 반성을 통해 새로운 사람으로 살아갔다.

돈은 너무 없어도 문제지만, 너무 많은 것도 인간을 병들게 한다. 심리학자 아들러의 말처럼 많은 물질적 풍요로 자신의 성공을 사회적 차원에서 생각하여 그 풍요로움을 사회에 환원하려는 목표가 있다면 그 부는 존경의 대상이 되겠지만, 자기 중심적 사용으로만 끝이 난다면 그것은 결국 개인과 가족에게 많은 피해를 남길 것이다. 물이 고이면 썩듯이, 물질의 풍요 또한 썩어 버린다. 물의 흐름이 가장 자연스럽게 보이는 것처럼, 중년기에 발생할 수 있는 물질의 풍요는 필요한 곳으로 흘러가야 한다.

반면, 중년기의 물질빈핍은 결혼 생활 자체를 흔들 수 있는 요인이 될 수도 있다. 돈의 필요성이 가장 많은 중년의 때에, 가족 부양과 부모에 대한 책임을 질 수 없게 되면 느끼는 힘겨움은 크다.

현대인이 소유하면서 자신의 존재를 드러내려는 양식을 가진 시대에 살고 있는 것은 맞지만, 소유가 우리가 중년으로 살아가는 존재의 기본적인 틀은 아니라고 생각한다. 소유로써 존재를 드러내려는 시도가 많을수록 항공기 땅콩회항 사건이나 '금수저'니 '흙수저'니 하는 논란을 더 경험하게 될 것이다.

중년기의 바른 심리발달 양식의 결과는 '성숙성(generativity)' 이다. 성숙성이란 성장세대에 대한 '돌봄'을 제공해 주는 것이다. 우리가 경제적 풍요를 누리고 있다면 그것은 어쩌면 무작위로 출생되어 환경의 혜택을 받지 못한, 음지에 있는 사람들을 향해 쓰일 수 있도록 하는 것이 중년기에 사회적 책임을 다

하는 것이고, 그렇게 될 때 물질의 풍요가 우리 자신을 썩게 하지 못할 것이다. 물론 풍요롭지 않더라도, 중년기에 가지는 돌봄의 마음이 사회를 좀 더 밝게 하지 않을까 생각해 본다. 겉으로 드러난 사회 구조는 약육강식 구조임은 틀림없지만, 그리고 이 구조가 동물인 인간의 본성일 수도 있지만 약육강식 세계의 먹이사슬 구조는 동물들이 인간처럼 살 수 없게 하는 한계성을 드러낸 것이다. 인간이 동물과 다른 도덕, 종교, 법을 가지는 것은 약육강식의 구조 속에서도 보이지 않은 약자와 구조적으로 어려움이 있는 사회적 약자에 '돌봄'을 제공하려는 마음의 의지 때문일 것이다.

멋도 맛도 없는 결혼 생활

일반적인 인간관계뿐만 아니라 남녀관계에는 내게 없는 것이 상대에게 있다는 것으로 인해 '의존'을 하게 되는데, 특별히 남녀관계에서는 내가 가진 불완전성, 나약함, 무력함을 극복하고 있는 이성에게 매료된다. 그러나 이러한 매력은 결혼 1년을 넘어가기 어렵다. 서로를 좋아할 수 있는 호르몬 분비의 고갈도 문제이지만 여기에는 외부적인 여러 가지 요인이 있을 것이다. 필자는 그것을 크게 네 가지로 요인으로 본다.

첫째는 늘어나는 사람의 기대수명과 이 늘어난 만큼 정신적으로 그리고 실질적으로 뒷받침할 수 있는 경제력이 문제가된다. 현대인만큼 오래 살아가는 시대는 과거에는 없었다. 웬만하면 80세를 넘어가는 시대에 결혼 이후 50년의 시간을 어떻게 정서적으로 탄력 있게 살 수 있을지 정신적으로 준비가되지 않았다. 그리고 여기에 하루가 멀다고 변화하는 다양한소비시대의 패턴도 따라갈 수 없는 입장이 되면 더 그렇다.

변화하고 새로운 것이 많은 세상에 이 변화의 중심을 경험할 수 있는 사람은 조금은 활력을 받을 수 있다. 어떤 이는 부부 간의 갈등이 있을 때 풀어가는 방법 중의 하나로 물건을 구입하는 것이라고 한다. 소위 쇼핑을 한다. 남자의 경우는 물건을 갈아치우거나, 새로운 더 좋은 물건을 구입하는 것, 때로는 그것보다 더 고가의 제품들을 구입한다. 그러면서 하는 말이 "내가 바꿀 수 있는 것은 이것밖에 없다."고 한다. 배우자와 자녀는 바꿀 수 없으니 이것만이라도 바꿔서 변화를 줘 이갈등을 풀어나가는 것이다. 확실히 새로운 물건이나, 구입하고 싶은 물품을 새로 소유하는 것은 일순간에 우리에게 새로운 기쁨을 가져다줄 수는 있다. 그러나 일이 있을 때마다 이런식으로 살아갈 수는 없다.

노인들의 경우 가까운 일본만 하더라도 너무 오래 사는 것이 재앙이라는 현실을 맞이하고 있다. 오래 사는 것에 대한 정신적이고 물질적인 최소한의 준비가 없는 것이 문제이다. 심리학자 칼 융은 이러한 점에서 향후 우리 인간 사회의 문제는 '장수(長壽)'와 '무의미'가 될 것이라고 보았다.

둘째는 즉각적인 만족이 나를 중심으로 변화하는 세대의 경향이다. 여기에 영향을 많이 미치는 것은 발 빠르게 변화하여 생활 속에 뿌리내리고 있는 전자 일상용품들의 영향이다. 예를 들어 휴대전화나 컴퓨터의 발달을 보면 사무실에서 가정 안으로, 가정 안에서 내 손안으로 들어와 있다. 여기에는 편리성과 빠름이라는 공식이 자리 잡고 있고, 우리나라와 같이 인터넷 속도가 빠른 나라의 경우, 이 급하고 빠른 방식들이 인간관계 및 결혼관계에 뿌리내리게 된다. 내가 찾고 싶은 내용을 입력만 하면 스마트폰은 아무런 반항도 안 하고 자연스럽고, 빠르게 나에게 답을 제시해 준다. 이러한 물품들이 일상생활에서 뗄 수 없는 필수품이 되었고, 이러한 필수품의 정서들이 인간 정서를 지배하는 시대가 된 것이다. 이러한 대화와 협상에 중요한 부분은 상대 배우자를 다른 관점에서 이해하려는 마음이다. 부부가 서로에게 어떤 것을 요구하더라도 사람은 그것에 느리게 답을 할 수 있는 것이 사람의 마음이다. 그러나 현대의 빠른 편의성 물품에 익숙한 현대인들이 과연 이러한 구조를 어떻게 소화할 수 있을까? 내 요구대로 되지 않고, 내 요구에 대한 대화와 협상을 통해서 서로를 알아가는 것이 부부의 역할인데, 이러한 통로들이 여러 가지 이유로 잘 사용되지 않는 것도 부부의 결혼을 삭막하게 하는 중요한 요인이다.

과거 결혼이 어쩌면 서로를 참아주고 인내하는 것을 미덕으로 했다면, 요사이 부부는 바른 소통과 즉각적인 반응이 우리의 멘탈에 자리 잡고 있다. 그래서 이것이 따라오지 못할 때 불안이나 우울증이 더 심해질 수 있다. 아이도 빨리 자라야 하고, 빨리 좋은 고등학교, 대학교 그리고 취직을 해야 한다고 생각을 한다. 부부에 대한 기대도 이것과는 멀지 않을 것이다. 상대적으로 천천히 하고, 실수하면서 배워 가는 인생길인데 결혼 생활과 성공이 기대하는 대로 되어야 하고, 눈앞에 곧바로 실적이 보여야 한다는 생각을 갖는다. 그러나 인생살이는 이런 구조로 가는 것 같지 않다. 우리는 기계처럼 강하지 않고, 정확하지도 않다. 그래서 상처도 받고 희로애락을 경험한다. 오히려 우리는 기다려 주는 부모가 더 큰 우리를 만들어 줄 수 있기도 하고, 배우자를 이해하고 수용하고 때로는 기다리고 참는 것이 서로를 잘 되게 할 수도 있는데, 우리는 이런 구조에 익숙하지 않은 길을 가고 있다.

셋째는 남성성(animus)과 여성성(anima)의 불균형이다. 사람에게 자기완성 혹은 자기실현의 과정에서 가장 중요한 것은 균형을 이루면서 살아가는 모습이다. 보통의 남자들이 결혼할 무렵 남성적인 성취가 중요한 가치관이었다면 중년이 되어 가는 과정에서는 서서히 관계성의 중요한 점을 알게 된다. 그러나 문제는 성취중심의 남성들이 관계중심으로 가는 것을 표현하고 묘사하는 데 서투르다는 점이다. 반대로 대부분의 여성들은 관계중심적인 가치관이 중요한 것으로 인식하고 살아간다. 그러나 이러한 경향은 중년이 되어서 서서히 자신이 해보지 못한 성취중심의 사람으로 변해 간다. 이러한 성향의 변화는 사람이 정신적 평형을 갖기 위해 겪는 과정이다.

부부는 서로의 성향이 다른 면을 보기 때문에 결혼을 한다. 나에게 없는 것을 상대방이 가진 것이 매력적으로 다가오기 때문이다. 자신에게 없는 것을 상대방을 통해 얻는 대리 만족이다. 그러나 내게 없는 것이 상대 배우자에 있는 것은 대화와 이해를 통해서 자신을 알아가지 않는 이상, 상대방의 매력적인 면은 나의 것이 되지 않는다. 그래서 대화와 상대를 알아가려는 노력 없이는 배우자 각각은 자신에게 익숙한 과거의 생활방식으로 간다.

나에게 익숙한 생각과 생활방식으로 살아간다면, 사람은 자기실현과 완성이라는 것과는 거리가 멀게 살아간다. 우리가 내 생각과 행동에 매달리는 것은 그것이 바른 것이 아니라, 오랫동안 우리가 원가족과 생활에서 나에게 익숙해졌기 때문이다.

사람이 결혼을 하고 자녀를 양육하여 자신의 가치관들이 새로운 것들을 맞이하게 됨에 따라 흔들리고, 때로는 깨어지기도 한다. 사람은 이러한 과정을 통해서 나만의 세계에서만 사람을 이해하는 것이 아니라 가족과 타인의 입장에서 사람을 이해하려는 폭넓은 시야를 갖게 된다. 나 외의 생각이나 다른 사람들과 교류를 하지 않는 것은 그만큼 자신의 세계에서만 집착하게 되고, 결국 이것은 자기고립으로 이어진다.

결혼의 여러 가지 목적 중의 하나는 나와 다른 배우자의 세계를 통해 내 가치관과 생각의 다름을 배워가는 것이고, 중년이 되어서 남성성과 여성성의 변화도 나 자신이라는 사람이 고수하고 있는 가치관에서 탈피하여 결혼 생활 및 인간관계의 새로운 지평선을 찾아가는 것이다.

제3장

흔들리며 아픈
중년

젊음, 빛바랜 추억 속으로

중년들이 제일 듣기 좋아하는 말 중의 하나는 '젊어 보인다'라는 말이다. 어릴 때는 노숙하고 약간 나이 들어 보이는 것을 선호했지만 중년이 되어서는 그 반대이다. 그만큼 중년에 있는 사람들의 마음은 노화를 체험하며 여기에 민감한 반응을 보인다. 육체적인 체력의 저하 및 노화 증상은 중년기에 발생하는 중요한 현상 중의 하나이다. 중년기에 이르러 피부의 탄력성 상실과 근육질이 저하되어 가는 것을 체험하기에 자신이 더 이상 생물학적 차원에서 젊은이와 같지 않다는 사실을 서서히 느낀다.

　20대 청년들과 40대 중년기를 비교하였을 때 육체적인 힘은 중년기에 있는 사람들이 7% 정도 쇠퇴하여 있는 것으로 나타났다. 이러한 육체적인 기력의 저하는 중년기에 특히 민감하게 나타난다.[1] 육체의 생물학적인 쇠퇴가 비록 서서히 발생하기는 하지만 유아, 청소년 혹은 청년의 생물학적 발달원칙과 같은 순서로 이루어지는 것은 아니다. 즉, 중년기에는 육체적으로 나타나는 현상 중에 전혀 예기치 않는 것들이 일어날 수가 있다. 예를 들어 심장과 관련된 질병이나 당뇨, 고혈압 등과 같은 질병들이다. 흔히 젊은 날에는 상상할 수 없었던 이러한 질병들을 자신이 직접 경험하면서 "내가 이렇게 될 줄은 꿈에도 상상하지 못했던 일이다."라는 말을 자주 한다. 서서히 인간이 지닌 한계성을 인식하게 되며, 이러한 경험을 통하여 자신이 더 이상 젊은이가 아니라는 사실을 알게 된다. 그리고 서서히 인생의 내리막길에 있다는 것을 희미하게나마 인지하게 된다.

　노화 증상은 중년에 몇 가지로 반응을 일으킬 수 있다. 첫째는 잃어버린 젊음에 대한 향수이다. 이 향수가 젊음에 대한 회복의 심리와 애착을 나타내는 것이다. 중년층을 대상으로 한 상담과 조사에 의하면 중년기들이 가장 선호하는 나이는 26~27세이다. 왜 이 나이를 선호할까 하는 생각을 해보았다. 10대 후반이나 20대 초반은 아직은 어려서 세상 물정도 잘 모를 수 있는 나이인 반면 20대 중후반은 그러한 시기를 다 지나면서 자신의 앞가림도 할 수 있고, 동시에 가장 건강하며 매력적인 젊음의 시기이기 때문이다. 중년들은 이러한 향수로 인하여 자신들이 이러한 20대와 같다는 착각 속에서 자신을 생각하기도 한다.

중년이 되면 20대에 느끼지 못한 세월의 속도가 빠르게 흘러가고 있다는 사실도 느끼게 된다. 40대에는 시간이 40km로 가고, 50대에는 50km, 60대에는 60km의 속도로 시간이 흐른다는 말을 실감한다. 어린 시절 나는 소풍가는 날을 고대하며 어머니에게 물어본 말이 있다. "몇 밤을 자야 소풍을 가요?" 그 어린 시절 우리에게 시간이라는 개념은 숫자라는 개념보다는 공간적인 개념이었다. 이 표현은 아날로그식의 표현도 아니고, 무한의 개념으로 묻는 질문인 것 같았다. "몇 밤을 자야 하느냐!"라는 숫자적인 개념을 계산하기 어려운 시기와 지금의 중년기 때 흐르는 시간의 속도를 비교해 보면 나이가 들면 들수록 시간이 날아간다는 말을 실감하게 된다.

중년이 되어 세월의 흐름을 감지한 사람들은 여자나 남자나 할 것 없이 젊은이들이 즐기는 유행을 따른다. 그래서 젊을 때 즐겨 입었던 옷이나 색상을 즐겨 입는다. 때로는 중년의 남녀들이 젊은 시절에 입을 법한 대담한 옷과 젊은이들이 입는 옷이나 색상을 단지 유행에 따라 입기도 한다. 이러한 것이 객관적으로 볼 때에 '좀 심하다'라는 생각이 들지만 이것은 중년 자신이 세월의 바늘을 거꾸로 돌려놓고 싶은 젊음에 대한 향수에서 기인하는 심리인 것이기에 한편으로 이해를 하게 된다.

외모에 관심이 적었던 남성들조차도 중년이 되면 거울을 보는 시간이 예전보다 많아지고 피부 관리에 신경을 쓰며, 이를 위해 기능성 화장품에 더 큰 관심을 갖고, 또 노화된 피부나 지방질을 위해 성형수술을 하기도 한다. 성형수술에 대한 관심이 비단 여자들만의 관심은 아니다. 외모에 대한 관심은 곧 저하된 탄력성과 힘의 상실로 인하여 자신의 젊음에 대한 관심과 회복의 열망이 크다는 것이다.[2] 이러한 젊음에 대한 관심은 다른 어떤 연령대에 있는 사람들보다도 더욱 크게 나타나고 있다.[3]

> 갑자기 남자는 시간이 얼마나 빠르게 지나가고 있는가를 알고는 충격을 받고, 그의 젊은 시절이 자신에게서 떠나고 있다는 사실에 분노를 하게 되고, 그 자신의 죽을 수밖에 없는 운명을 인식하고는 두려워하게 된다. 자신의 스물한 번째 생일을 축하한 것이 어제 같은데라고 생각하며 놀람 속에서 자기 자신에 대하여 생각을 한다. …… 중년으로서 인생의 과정을 통과하면서 만나게 되는 문제에 직면하지 않고, 대

신에 젊은이들의 외모, 젊은이들의 힘과 소리, 감성, 정열, 마술과 같은 젊음에 대하여 매료되고 사로잡혀 있는 상태가 된다.[4]

젊음에 대한 향수는 비단 남성에게만 해당하는 것이 아니다. 여성의 경우에는 중년기 위기를 주로 폐경기(menopause)와 연관지어 생각을 많이 한다. 생리적 현상의 단절은 곧 자손 생식 능력의 상실이라는 여성의 중요한 역할을 감당치 못한다는 상실 감정을 갖게 된다. 그래서 폐경은 여성들에게 젊음의 상실이라는 심리적 부담감을 준다. 우리나라의 중년 여성을 대상으로 한 폐경기에 대한 조사에 의하면 남성들이 느끼는 중년기의 현상과 유사점이 많이 있다. 이런 여성의 경우는 폐경을 경험한 이후 자살하고 싶은 충동과 함께 우울증에 빠진 경험들을 이야기하므로 마치 남성들이 중년기 때 우울감에 빠지는 현상과 유사하다. 그래서 여성은 중년기에 더욱더 젊음의 상실을 회복하기 위하여 외모에 대한 관심이 많아진다.

요즘 40~50대 여성은 부티크나 이른바 마담 브랜드 대신 20~30대 숙녀복 매장이나 20대를 위한 캐주얼 의류 매장에서 옷을 고른다. L 백화점 숙녀복 매장의 강 모 씨는 40대는 20대의 옷을, 다수의 50~60대는 20대 후반에서 30대 초

반을 겨냥한 의류 브랜드를 선호하는 경향이 뚜렷하다고 말
한다.[5]

한국 중년 여성들이 주로 선택하는 의상은 자신의 나이보다
훨씬 젊은층의 옷들을 선호하는 것으로 나타났다.

물론 이러한 경향에는 보이지 않게 작용하는 사회적 소외감
으로부터 탈피하고자 하는 심리도 작용을 한다. 사회의 거의
모든 위락시설이 소비성이 강한 10~20대를 겨냥하고 있다.
그리고 TV나 신문 등의 대부분 광고도 10대나 20대를 겨냥하
고 있다. 광고 전략이 노리는 소비층은 보통 70% 정도가 10대
나 20대를 목표로 하고 있으며, 이들을 목표로 한 광고의 내용
은 새롭고, 생명력이 있는 것이며, 다양하고, 매력적이며, 낭
만적인 것들이다. 이러한 나이에 있는 사람을 대상으로 한 광
고를 접할 때 누가 보아도 새롭고 강하고 신선하고 매력적인
것을 느낀다. 반면 중년기 이상을 대상으로 한 광고의 내용들
은 다소 비관적이다. 기껏해야 치통, 관절염, 류머티스, 근육
통 등 통증 해소의 광고와 남성들에게는 쇠퇴하는 정력을 어
떻게 하든지 보강하기를 권장하는 기력 회복에 대한 내용들이
다. 이러한 사회적 분위기가 중년기라는 것이 삶의 지혜를 모
으는 시기, 황금기라는 인식보다는 무능하고 쇠퇴해 가며, 폐

차로 변해 가는 과정이라는 인식들을 무의식적으로 하게 된다. 당연히 중년기는 이 사회의 중추적 역할을 하는 층임에도 불구하고 사회적 소외감을 느끼며 생산성의 주체이면서도 소비성의 대상이 아니기에 사회적 관심 밖에 있는 이방인(outsider)으로 여겨진다. 마음으로는 20대에 속하여 있으나 외면상으로 20대가 아닌 자신에 대하여 상실감과 서서히 분실되어 가는 젊음에 대한 향수에 빠진다는 의미이다. 무제한적으로 누릴 것과 같은 젊음은 중년기에 들어서 인간 육체와 생명의 한계성을 서서히 느끼게 되고, 동시에 스쳐 지나간 듯한 20대의 젊은 시절에 누린 신체적인 미와 건장함, 그리고 정신적 유희들의 자유로움이 얼마나 낭만적이고 중요했던가를 이때서야 느끼는 것이다. 이러한 맥락에서 중년들은 젊음을 회복하고 싶다는 욕망이 다른 나이층보다도 매우 관심이 높은 것으로 나타난다.

사회의 일과 인간관계 속에 복잡하게 얽혀 있는 실타래와 같은 구조 속에서 신선하게 보이고 새롭게 보이며, 구속되지 않고, 자유롭게 활보하는 젊음과 낭만을 중년들은 부러워한다. 예전에는 젊은이들의 탱탱한 피부가 눈에 들어오지 않다가 언젠가부터 그들이 가진 피부의 탄력과 탱탱함이 중년들의 눈에 들어온다. 그 속에는 질병도 없었고 아무리 뛰어도 지칠 줄 모르며 피곤하여도 잠시 눈만 붙이면 다시 회복되는 그런 젊음을 애모하는 마음이 담겨 있다. 일이 있을 때에는 며칠 밤을 지새워도 끄떡없이 지낼 수가 있었다. 그때는 부양 가족에 대한 책임도 없기에 멍에에 구속받지 않는 자유와 낭만이 있었고, 가진 것이 없어도 젊음 하나로 어지간한 외부 환경을 극복할 수 있는 힘도 가지고 있었기 때문이다. 그러나 이러한 젊은 날들을 좋은 줄 모르고 지낸 것이다. 그리고 중년이 되어 내외적인 문제에 부딪히면서 황금 같은 젊은 시절을 다시 손아귀에 넣고 싶은 현실적으로 불가능한 욕구를 가지게 된다. 그 젊은 시절이 그립고 할 수 있다면 다시 가보고 싶은 것이다.

또 한편으로는 뚜렷한 정체성 없이 보낸 20대의 세월을 아쉬워하는 것이다. 왜 그렇게 좋던 시절을 자신의 정체성 없이 보냈을까 하는 후회에 빠지게 된다. 나이가 들어 중년에 깨닫는 20대의 중요성을 그때에 깨달을 수 있었다면, 다시 그 시절로 환원이 된다면 좀 더 분명한 가치관과 정체성을 가지고 그 시절을 보낼 수 있었을 텐데라는 생각을 한다. 이 두 번째 요인은 중년기에 서서히 인지하게 되는 인간의 내외부적 한계성에 대한 인식에서 기인되며, 중년기를 긍정적으로 보내고 있으면 새로운 차원의 정신적인 정체성을 확립해야 한다는 필요성을 가지게 된다. 육체적 노화의 증상으로 인해 개인의 정체성, 삶에 대한 태도가 이러한 조건에 적응하기 위해서 변화하게 되는 것이고, 여기에 따라 자신의 정체성과 타인과의 관계성에 긍정적으로나 부정적으로 영향을 미치게 된다.[6]

위의 글에서 필자는 노화에 따른 반응을 크게 두 가지로 보았다. 하나는 젊음에 대한 향수이고, 다른 하나는 정체성의 문제이다. 대개 정체성 문제들은 중년기들이 긍정적으로 보낼 수 있는 인생의 긍정적 고민이다. 이러한 자신의 정체성에 대한 고민은 시간의 빠름을 느끼며 어떻게 나머지의 세월을 유용하게 보낼 수 있을지를 생각나게 할 수 있는 긍정성으로 나타날 수 있다. 그러나 이러한 정체성에 대한 고민과 이것을 해결하기 위한 노력도 없이 젊음에 대한 향수에 빠지는 것은 중년기가 침체성 속에서 성과 외도의 문제 그리고 가정과 사회에 무책임한 사람이 될 수가 있다. 한마디로 믿을 수 없고, 무책임한 사람이 되는 것이다.

낸시 마이어(Nancy Mayer)가 지적한 말을 다시 살펴볼 필요가 있다. "중년으로서 인생의 여러 과정을 통과하면서 만나게 되는 문제에 직면하지 않고, 대신에 우리는 젊은이들의 외모, 젊은이들의 힘, 소리, 감성, 정열, 마술과 같은 젊음에 대해 매료되고 사로잡혀 있는 상태가 된다." 여기서 그녀는 인생의 여러 과정을 통과하면서 만나게 되는 문제에 직면하지 않는다는 지적을 했다. 중년기의 과정을 거치면서 중년으로서 해결하여야 할 문제들이 있는데, 이것은 가정의 부모로서 사회의 한 구성원으로서 맡은 일들로 이것들을 통하여 중년들은 자신의 정체성을 다시 한 번 확립해 가는 과정이 되는 것이다.

상담 심리학자 도널드 캡스(Donald Capps)는 중년들이 해야 할 사항 중 첫째는 책임 있는 사람(responsible self)이라고 했다. 사회와 가정에서 중추적인 역할을 하는 중년들은 어느 곳에서든지 자신과 자신이 속해 있는 기관에 대하여 책임 있는 인간이 되어야 한다는 것이다. 둘째는 믿을 수 있는 사람(believable self)이다. 누구든지 중년기라는 자체만으로도 신뢰성을 줄 수 있는 사람이 되어야 한다는 것이다. 셋째는 삶의 안내자(accessible self)이다. 이 세 번째 요소는 인생의 중년에 이르면 사람은 이제 막 성장하는 청소년과 청년세대들이 고민하는 문제를 듣고 상담하고 안내해 줄 수 있을 정도의 사람이 되어야 한다는 것이다. 이러한 세 가지의 형태를 갖추는 것이 바로 중년 시기에 중년들이 회복하여야 할 하나님의 형상이다.[7] 그러나 문제는 중년의 이러한 중대한 과업을 회피하는 것이다. 그리고 젊음의 상징이 되는 구속받지 않으며 책임감이 없는 자유 속으로 도피하는 것이다. 현실의 문제에 직면하지 않고 회피하며 더구나 과거의 젊음에 대한 매료에 유혹되면 사람은 정신적인 성장을 멈추는 것이다. 그리고 시행착오를 되풀이하게 되는 것이다. 왜냐하면 사람은 인생의 발달단계들을 통해서 각 단계에 직면하는 문제들이 있다. 유아 때부터 노년기까지 이 과정에 직면하면서 해결 방법을 찾고 때로는 문제 해결이 되지 않아도 이러한 과정을 통해 인생에 대한 경험과 바른 가치관을 세우며 성숙해진다. 우리는 인생의 고비가 있을 때마다 일시적이고 순간적인 만족만을 추구하면 성숙을 기대할 수가 없다. 사람의 성장은 고통을 피하는 것이 아니라 고통에 대하여 직면하려는 의지를 가지고 문제들을 맞이할 때 성숙할 수가 있는 것이다. 그러나 중년으로서의 책임에 대한 회피는 성장을 멈추게 하고 무책임한 사람으로 남게 한다. 왜냐하면 결국 이러한 도피의 최종 목표는 자기 이기와 쾌락에 있기 때문이다.

중년기에 노화에 대한 부정적 심리와 젊음에 대한 회춘 욕구는 많은 중년기들로 하여금 그동안 소홀히 했던 인생의 내면의 음성에 귀 기울이는 지혜를 가지고 가정과 사회를 위한 모델로 정체성을 확립해 나가기보다는 자기 욕망과 이기주의에 빠지는 악순환의 근거가 될 수 있는 것이다. 그러나 사람은 자신이 늙어가고 있다는 사실을 수용하게 될 때, 그리고 나이가 들고 있다는 사실을 알고 이러한 사실을 겸허히 수용하게 될 때 비로소 인생의 지혜를 배울 수가 있다.

일탈과 성의 유혹

심리학자 칼 융은 성인기의 중요성을 언급하고 중년기를 '제 2의 사춘기'로 여겼다.[8] 칼 융에 의하면 사춘기의 청소년들이 갖는 특성은 조리에 맞지 않는 낙관주의를 가지고 있으며 어려움에 대한 과소평가를 하고, 자신이 바라는 사실에 대하여 강한 기대감을 가지고 있거나, 또 이와는 반대로 매우 부정적인 태도에 빠질 수 있다고 정의한다. 그래서 그는 이 청소년기를 '참을 수 없는 세대'라고 정의하고 있다.[9] 중년기와 청소년기의 공통적인 특성을 끌어낸다면 이 시기가 차분한 이성적인 판단이 앞서기보다는 감정에 많이 좌우되는 단계라는 것이다. 사춘기는 '정열 및 감성'이라는 것이 핵심에 있다. 그러기에 이 시기에 생각과 결단의 대부분은 주변적인 환경에 의하여 감정의 유동이 심하다. 마찬가지로 중년기를 '사추기(思秋期)'라고 부르는 이 신조어처럼, 중년의 시기에 또 다른 정열과 감정의 변화를 경험하게 된다. 그리고 우리는 왜 이 두 시기가 감성과 깊게 연관되어 있는가에 대하여 생각해 볼 필요가 있다.

중년기는 심리적으로 전환(transition) 위치에 있기 때문에 그동안 등한시해 온 심리의 중요한 부분에 대하여 눈을 뜨게 된다. 이 전환점에서 중년기, 특히 남성들에게 기다리고 있는 것은 아니마(anima)에 대한 유혹이다.[10] 아니마는 남성에게 잠재하고 있는 여성성의 성향이기에 이 아니마는 잘못하면 중년의 전환(위기)에 있는 사람들을 파괴하고 정신적인 성장을 오히려 퇴보시킬 수 있다. 왜냐하면 이 아니마는 치명적으로 매력적이고 유혹적이기 때문이다.[11] 이 말은 중년기에 사람들이 일탈과 성으로 인한 유혹에 놓이기 쉽다는 말이다. 이러한 아니마로 인한 감정적인 동요는 매우 감성적이고 충동적이기 때문이고, 이러한 경험이 전무한 청년기를 지낸 중년들에게는 감정적으로 더 흔들릴 수도 있다.

중년기의 위기를 악화시키는 또 다른 요소는 부부 관계성의 틈이 중년들에게 악화될 가능성이 크다는 점이다. 다변화하는 사회에서 자신의 정체성이라는 것은 수없이 외부로부터 변화 요구를 받고, 또 변화를 도모하기에 수명의 연장이라는 것은 중년기의 부부들에게 더 많은 자신의 정체성에 대한 위기를 만들어 준다. 복잡해진 세상의 구조와 생명의 연장은 부부관계가 원만하지 않은 중년기에 있는 사람들로 하여금 자신들의 결혼 생활에서 갈등의 횟수가 증가하고, 남편과 부인의 의견이 서로 다른 방향으로 치닫고 있어 마치 서로에게 적의로 대하는 사람과도 같은 입장에 있기에 서로의 감정을 나누기 어렵고, 무미건조하고, 단조로운 결혼 생활에 숨이 막히는 듯한 체험을 하고 있다.

인간의 평균 수명이 40~50세였을 때는, 이때가 인생의 마지막을 준비하고 정리하는 시기였는데, 오늘날에는 오히려 이 시기가 인생의 시작점이 된다는 것이다. 그러므로 부부의 결혼 생활이 상호 존중과 이해 속에서 진행된다면 문제가 없겠지만, 이해의 시각이 달라 문제가 다반사로 발생하는 부부들에게는 앞으로 남은 수십 년의 생활을 이러한 관계 속에서 살아야 하는가라는 회의적인 생각을 품게 된다. 질식할 것 같은 결혼 생활에 대하여 때때로 사람들은 이혼을 생각하게 되는데, 이러한 결혼 생활에서 단순히 도피하고 싶다는 의미보다는 이러한 불행과 힘든 결혼 생활에서 좀 더 활력 있고, 만족을 느낄 수 있는 생활을 원하기 때문이다.

결혼 생활에 있어서, 특별히 중년기에 있어서 상대방에게 충족감을 주지 못하는 것은 바로 남성이나 여성들이 다른 사람들에게 관심을 갖도록 하는 통로를 제공한다. 결혼 전에 가졌던, 그리고 신혼 초에 느꼈던 상대에 대한 신비감과 관심이 서서히 세월을 거치면서 퇴색하기 시작하는 것이다. 결국 이러한 무관심은 정서적 배려의 결핍으로 이어지게 되고 소홀한 결혼 생활을 하게 된다.

여하튼 이러한 현상은 상대에 대한 무관심과 무성의에서 시작이 되고 배려와 관심의 상실이 발생하는 것이다. 그리고 이제껏 생활하던 재미없고 활력 없는 진부한 방식에서 새로운 방식으로 전환하는 데는 자신이 맞이하는 두 번째의 파트너가 그러한 충족감을 제공하여 주리라 하는 기대심리와 맹신을 가지고 있다. 소홀한 대화와 정서적 무관심으로 인해 결혼 생활이 더 무미건조해지기 쉽지만 여기에 중년의 결혼 생활을 더욱 위태롭게 할 수 있는 심리적인 요소가 있다. 바로 아니마 (anima)와 아니무스(animus)의 출현이다.

> 결혼 생활을 하면서 남성과 여성은 불균형이 발생하게 된다. 중년기에 특히 성적인 차이성이 나타나기 시작하는데, 여성들은 예전보다 더 활발하고 적극적으로 외부에서 활동하려는 노력을 보이는 반면, 남성들은 감성적이고 내적인 것에 머무르려고 한다. 이러한 차이성은 결혼 생활의 새로운 관계성 형성을 위해서 기초를 제공해 주는 요소가 될 수 있는 반면, 이것은 또한 상호 분쟁이 되는 씨앗이 될 수도 있다.[12]

위의 글에서 언급한 것은 바로 중년기에 발생하는 여성 속에 내재한 남성성인 아니무스와 남성에 내재한 여성성인 아니마를 의미하고 있다. 그런데 이러한 두 가지가 상호 보완적인 요소도 될 수 있지만, 적대적인 요소가 된다는 말에 유의를 하여야 한다. 이 말은 중년기에 발생하게 되는 심리적인 동요에 대한 이해가 필요하다는 것이다. 사회적으로 성공한 한 50대 남성의 고백을 들어 보자.

> 아내와 제2의 신혼을 즐기고 싶은 생각을 하다가도 조심성 없고, 거친 행동을 하며 속옷 바람에 무신경하게 드러내 놓은 살찐 몸을 보면 성욕이 사라진다. …… 나에게 잘 보이려고 노력하는 아내상이 그립다.[13]

물론 일부이긴 하지만 남녀에게 위에서 언급한 것과는 반대의 현상이 발생할 수도 있다. 가령 여성이 전반부의 인생이 역동적이다가 후반부에서는 내재적으로 되는 경우도 있다. 이러한 대조적인 경향은 부부가 결혼 생활을 통하여 대화와 배려속에 서로에 대한 이해가 있을 때 상호 보완하는 완성의 미를 가질 수 있으나, 이러한 작업과 노력 없이 만난 중년기 남녀의 변화는 서로에게 갈등과 긴장의 연속이다. 앞서 언급한 것과 같이 중년들이 겪는 심리적인 갈등이 있는 것이다. 어디론가 멀리 사라지고 싶은 마음과 혼자 있고 싶어 하는 마음, 내면적으로 느끼는 우울, 불안, 짜증 그리고 피곤한 육체와 마음이다. 그리고 이 심리적인 변화와 함께 가정에서 부부 간의 갈등 문제는 쉽게 남녀로 하여금 밖으로 눈을 돌리게 한다. 이러한 심리적 변화와 함께 지금 자신에게 갈등을 일으키게 하는 배우자로부터 이 굴레에서 자유롭고 싶은 마음이 생기게 된다.

중년의 시기에 느끼는 심리적인 갈등의 구조를 가정 공동체와 특별히 부부 상호가 평상시에 대화자가 되어 주지 못한다면 내면적인 갈등의 골은 더욱 깊어지는 것이다. 결혼 생활이 지속될수록 빠지기 쉬운 유혹은 우리가 처음의 사랑을 상실하고 서로의 배우자에 대하여 무관심으로 대하기 쉽다는 것이다.

부부는 세월을 거듭할수록 서로를 존중하는 예의가 필요하다. 서로가 상대방을 위해 넘지 말아야 할 최소한의 예의가 있어야 한다. 사람은 약간 남이 넘보지 못할 매력과 같은 비밀스러운 부분이 있을 때 호기심을 더 유발시킨다. 부부지간에도 서로를 지켜주는 각자의 비밀이 필요하다. 이것이 허물어지면 처음에 가진 사랑과 이미지들이 자취를 감추게 되고, 벽이 개방되면서 배우자의 신비성은 사라지고, 결혼 생활은 맛도 멋도 없는 따분하고 지겨운 생활이 되는 것이다.

가령 부부지간의 예의라는 것은 어떤 것이 있을까? 남자나 여자나 마찬가지 기분이겠지만 아침에 출근하는 남편이 일어나면서부터 단정치 못한 부인의 모습을 보고, 또 퇴근한 후에도 부인이 이러한 상태로 있다면 이것은 기본적인 예에 대한 결례이다. 남자나 여자나 이러한 상황에 대하여 말은 하지 않지만 마음속 깊이 다른 사람과 비교해 보는 의식이 자연히 생길 것이다. 또는 가정주부의 되풀이되는 가사로 인하여 힘들어하는 아내에게 집안일을 과소평가하고 상대적으로 자신 일의 중요성을 강조하는 남편이 있다면, 가정을 뛰쳐나가고 싶은 마음을 느낄 것이다.

한 사례를 살펴보도록 하자. 맥스와 팸은 같은 대학을 나온 동창생으로 부부이다. 팸은 대학에서 교육학을 전공하였고, 맥스는 사회사업과 음악을 전공하고 졸업 후에도 이 분야에서 일했다. 팸이 졸업을 하고 직장 생활을 하면서부터 서서히 변화가 시작되었다. 교사로 취직한 팸이 더 많은 시간을 일에 몰두해야 되었기에 이 부부는 자연히 같이 있을 시간이 적어졌다. 그 대신 그녀는 더 많은 연봉을 받게 되었다. 남편 맥스가 느낀 변화는 팸이 더 많은 연봉을 받기 시작하고, 예전과 같이 함께할 시간이 적어짐으로써 남편의 정체성이 서서히 흔들리기 시작한다는 것이었다. 팸은 이제 남편에 대한 애정보다는 직업에 대한 열정이 더 강했고, 또 한편으로 자신보다 무능한 남편이라는 생각이 내재되어 남편과의 거리감도 점점 멀어져 갔다. 이런 중에 팸은 또 교육학 석사학위를 위해 공부도 하게 된다. 이러한 것들이 결국 맥스로 하여금 다른 여인에게 관심을 갖게 하였고, 그는 부인에게서 느끼지 못하는 감정들을 다른 여인에게서 받게 된다. 시간이 지날수록 팸은 여피(yuppie)들이 즐기는 생활에 더 많은 관심을 가지게 되고 돈과 지위에 대한 욕심도 더욱 커져 갔다. 그녀는 돈을 사랑했고, 그래서 많은 돈을 저축했지만 계속적으로 더 많은 물질을 원하였다. 그들의 결혼은 빛을 바래 변질되었고, 결국 맥스는 자신이 전혀 알 수 없는 여인과 결혼했다는 결론을 내렸다. 팸은 맥스보다 훨씬 더 목적 지향적인 사람으로 그녀가 요구하는 사항에 대하여 남편인 맥스는 충족시켜 줄 수가 없었다. 그리고 이러한 부인의 태도가 그로 하여금 외도로 눈을 돌리게 하였다.

중년의 남성들은 만일 자신들의 부인들이 공격적이거나 저돌적이고, 사건마다 일일이 간섭하는 부인이라면 남성들은 따지지 않고 일보다는 남자의 상황을 이해하고 포용하며 관계성을 중요시하는 젊은 여성들을 선호하게 된다. 이러한 관계성으로 인하여 21세의 젊은 여성과 사랑에 빠진 중년 남성은 다음과 같이 고백을 한다.

> 그녀는 나와의 관계를 친근감에 기초하여 어떠한 요구를 하
> 지 않는 사람이었다. 내가 결정하고 행한 모든 것에 대하여
> 자유로웠고, 어떤 곳이든 내가 가고 싶은 곳에 갈 수가 있었
> 다. 관계의 가장 중심부에 있으므로 존중받고 있다는 느낌
> 이 들었다.[14]

과거 우리나라에서 다방이 유행할 때 지금의 노년층에 이르
는 사람들이 그곳에서 만나 자주 이야기를 했다. 그리고 그곳
다방의 마담과 이야기를 자주 나누었다. 습관적으로 그곳을
찾는 남자들이 있었는데, 그 이유는 부인은 자신의 말을 잘 경
청하지 않았지만 그 다방의 마담은 자신의 모든 속사정을 잘
들어 주었기 때문이다. 어느 누구나 개인의 가치에 대하여 존
엄성을 가지며 살아가야 하는 것이 필수적인 조건이다. 더구
나 중년기에 있는 남성과 여성들은 자신들의 자존심이 가정에
서, 특히 배우자에게 존중되기를 원하고 있다. 이러한 존중이
배우자에게서 나타나지 않을 때 중년기 남성들은 자신들을 우
호적인 관계성으로 유도하는 사람들에 대하여 관심을 가지게
된다. 자신의 배우자로부터 찾을 수 없는 것을 새로운 연인에

게서 얻을 수 있다는 생각 때문이다.[15]

> 남자들은 외도를 자신이 느끼는 불만을 만족시키기 위한 하
> 나의 방편으로 생각한다. 엄청난 내적 소용돌이와 인생에
> 대한 불만의 와중에서 자신의 삶을 되돌아보고 과거에 기쁨
> 과 만족을 주었던 일들을 회상하기 쉽다. 젊었을 때 새로운
> 여자 친구가 바로 이런 일을 해 주었다. 그런 일이 다시 일
> 어나지 말라는 법이라도 있는가? 결국 로맨스가 단조로움,
> 공허함, 권태감 그리고 우울을 싹 쓸어가 버린다. 그는 자기
> 를 강렬하게 응시하는 누군가의 눈을 들여다보는 것이 어떤
> 기분 인지를 기억한다.[16]

물론 배우자로부터 존중과 인정을 받는다는 것이 중년 남성
의 심리에만 해당되는 것은 아니다. 여성들도 자신들의 생활
과 의견이 당연히 남편으로부터 존중되기를 간절히 바라고,
만일 이러한 존중과 관심이 결여된다면 그 갈증을 어디선가
찾으려고 할 것이다. 관심을 받으려고 하고 바른 관계성을 가
지고 싶어 하는 것은 본능이기 때문이다.

한국 가정의 큰 이슈 가운데 하나가 바로 중년기들의 휴대
전화 문자 채팅 문제이다. 채팅으로 인해 가정문제가 생기는
사례는 대부분 중년기에 속한 부부들이다. 근래의 사건 중에

는 새벽 늦은 시각까지 채팅에 빠져 있는 부인을 살해한 경우도 있고, 채팅으로 시작하여 외도에 빠진 중년의 여성들이 늘어나 이혼하는 경우가 우리 주위에 빈번하게 발생하고 있다. 현실적으로 남편이나 부인에게서 느끼지 못한 관심을 채팅을 통해 자신의 현재 마음을 들어주고 인정해 주는 사람에게 더 큰 호감을 느끼고 그 상대에게 빠지는 것은 당연한 것이다. 결국 부부가 존엄과 인정받지 못한 허한 심정을 자신에게 관심을 가지는 외부의 그 어떤 누구를 통해서 해갈하려는 마음이 채팅에 빠진 중년들에게서 나타나는 것이다.

어릴 적부터 부모와 형제의 관심을 받으면서 성장한 A는 단아한 사람이다. 매사에 분명하면서도 남을 배려하는 것이 마음과 자세에 스며 있는 사람이다. 청년 시절에도 연인을 많이 사귀어 보지 않고 극히 일부와만 사귀었다. 그러나 가족들이 평가해 주는 연인의 기준 또는 결혼의 기준을 받아들여 자신이 사랑하는 연인과도 긴밀한 관계를 형성하지 않고 결국은 헤어졌다. 결혼은 가족이 제시한 남자와 했다. 그러나 관심과 배려의 환경에서 자란 그녀는 어쩌면 전혀 환경이 다른 남편과의 소통에 문제를 느꼈다. 추진력은 좋았지만 늘 경쟁과 성취를 갈구하는 남편은 이러한 긴장으로 인해 대화와 관계성에서는 그 어떤 것도 제공해 주지 않는 것 같았다. 그러던 차에 친구들을 만나게 되었고, 소싯적에 자신이 무심하게 만났던 옛 연인과의 문자가 오가기 시작했다. 그녀는 현재 배우자의 무심함이 자신이 자란 환경과 너무 달랐기 때문에 거기에 대한 갈증을 해소할 수 없었다. 그리고 연애 시절 자신을 참 많이 배려해 준다고 생각했던 사람과 소통의 창구를 연 것이다. 감정은 순간적으로 확대 해석되었고, 그 시절 그 감정으로 치달았다. 그러나 이것은 자신의 환경 속에서 옛 연인을 과대평가한 그녀의 환상이었음을 서서히 깨닫게 되어 마무리를 할 수 있었다.

우리는 이제까지 중년 부부의 결혼에 있어서의 문제가 위기로 발전하고 때로는 이러한 것이 외도에 대한 관심으로 표현된다는 것을 양자 입장에서 보았다. 이 문제는 결국 부부가 서로의 배우자에 대한 존엄성에 대한 문제라고 본다. 동물을 훈련시키는 조련사들이 가장 중요시하는 것 중의 하나는 동물 자체의 존엄성을 인정하여 주는 것이다. 이것을 통해 동물과 조련사가 호흡을 같이하며 활동을 한다. 이 존엄성 앞에 언어교류를 할 수 없는 인간과 동물, 심지어 조류까지도 인간과 감정적으로 교류할 수 있는 물꼬를 틀 수가 있는 것이다. 중년기 부부 간에도 결혼 생활에 이러한 존엄성이 기초가 되지 않는다면 중년기는 위기를 맞게 된다.

중년기의 발단에서 발생하는 감정적인 동요는 소년 소녀 때
보다 더 반지성적이고 더 충동적이며, 유아기와 청소년 때
와 같이 감정적 형태의 것을 가지고 있는 것 같다.[17]

상담 심리학자 도널드 캡스(Donald Capps)는 청소년 시기에 나
타나는 중요한 현상을 전체주의라고 했다. 정열을 가지고 일
에 임하는 적극성은 좋으나 마치 이 시기는 '이게 아니면 아무
것도 아니다.'라는 생각으로 덤비는 것 같다. 즉, 자신이 생각
하는 신념을 넘어서 다른 면을 보기에는 아직 성숙을 더 필요
로 한다는 것이다. 그러기에 흑백논리에 빠지기 쉽고, 자신이
추진하는 일에 대하여 이성과 합리성에 기초하여 결정하는 것
이 쉽지 않다는 것이다. 중년기는 사춘기와 같이 심리적·감
성적인 동요가 심하다. 이 감성적인 동요에 빠지면 이성과 합
리보다는 감성이 자신을 지배하고 이 지배로 인하여 아주 획
일적인 사고와 행동에 빠지기 쉽다는 것이다.

중년기 초기에 잘못하면 일탈하여 늪에 빠지기 쉬운 것은
사춘기의 청소년들이 자신들의 의견이나 생각에 꽂히는 것과
같다. 부모나 외부에서 아무리 그것을 바른 것이라고 이야기
를 해줘도 그것을 수용할 수 있는 힘이 없는 것이다. 물론 이
사춘기에 들어선 청소년 자녀들을 부모가 어떠한 태도로 이야

기하는가에 따라 아이들은 조금은 달리 마음을 먹을 수도 있다. 그러나 부모가 무조건적으로 아이를 꾸짖거나 함부로 하면 아이는 더욱 반발을 할 수밖에 없다. 특히 사춘기를 나름대로 모범적으로 보냈다고 생각하는 부모에게 사춘기를 심하게 앓는 자녀를 이해하고 수용할 공간이 적다. 왜냐하면 자신은 경험해 보지 못한 영역이기 때문이다. 상담을 해보면 특히 종교가 있는 부모의 경우는 종교가 없는 부모보다 사춘기에 접어든 아이들을 더 힘들게 하는 것을 본다. 남녀에 대한 이해나 사춘기의 경험이 없거나, 자신들이나 부모의 틀과 형식이 강해 연인의 감정들을 폐쇄하거나 극도로 절제한 사람들은 이 중년의 사추기에 발생하는 일들을 이해 못하고, 부부 간의 감정을 차단하고, 대화를 기피함으로써 더 힘들게 할 수 있다. 그러므로 감성적인 것이 지배하는 중년기들이 자신의 행동에 대하여 책임을 지지 못하고 믿을 수 없는 중년으로 남는다면 그들은 대부분 성과 일탈의 문제에 직면하게 된다. 중년기에 감정적 동요로 발생하기 쉬운 성과 일탈에 대한 문제의 원인을 살펴보자.

흔들리고 아픈 마음

부부관계가 소원해지다 보면 타인의 말과 행동이 더 친근하고 관심 있게 느껴질 때가 있다. 사람이 오감을 가지고 있고, 새롭고 좋은 물건을 보면 사고 싶고, 소유하고 싶은 마음이 있는 것과 같다. 예쁜 꽃을 보면 그 꽃이 아름답게 여겨지는 것은 우리 내부에 그 꽃에 대한 감상과 반응을 할 수 있는 정서적이고 감정적인 구조가 부여되었기 때문이다. 이와 같이 멋있는 이성을 보면 여기에 대해 감탄할 수 있는 것은 사람이기 때문에 할 수 있는 것이다. 그런데 이러한 감정들은 개인이 처해 있는 상황과 연결이 될 수 있다. 만일 A라는 사람이 부부 불화가 자주 반복되고 있는 상태에서 자신의 마음을 위로해 주거나, 자신을 돌봐 주는 듯하고 위로를 제공해 주는 듯한 사람을 만나게 된다면 마음이 쉽게 치우칠 수 있을 것이다. 때로는 큰 문제가 없지만 집요하게 다가오는 상대에 대해서 방어할 수 있는 힘이 없다면 이 역시 흔들리게 될 것이다.

머리 위로 새가 스쳐 날아가는 것을 막기는 어렵다. 사람은 기혼자임에도 불구하고 특정한 이성에 대하여 관심을 가지는 순간들이 있다. 남녀 중년들 사이에 젊은 사람들과 가까이 하며 함께 활동하면 모든 사람들은 좋아하기 마련이다. 물론 이성에 대하여 아무런 생각이 들지 않으면 이보다 더 좋을 수는 없다. 그러나 문제는 이러한 스쳐 지나가는 듯한 일시적 생각을 정지시켜 이것에 집착하며 새가 머리 위에 둥지를 틀도록 방치하는 경우이다. 중년기에 성과 외도에 휩싸여 무책임한 행동의 결과로 가정문제를 불러오는 대다수의 요인들은 성장 과정에서 위기를 직면하고 그 위기를 효과적으로 이겨낼 수 있는 그러한 훈련들이 부재된 행동의 결과에서 오는 것들이다. 닥친 문제에 직면하여 대처하기보다는 늘 이기주의적인 습관들로 인해 잘못된 선택을 한다는 것이다.[18]

중년기에 일탈과 성에 습관적으로 빠지는 것은 당사자가 성장 과정에서 경험한 원가족의 비친화적 환경이 문제이다. 에릭슨은 인간발달단계를 분석하고 연구하는 데 있어서 사회심리학적인 접근 방법을 사용했다. 한 인간의 발달 과정이 과거의 한 요인에 의해서만 결정되는 것이 아니라 개인과 가정, 그리고 사회로부터의 유기적인 상호작용에 의해서 형성되고 발달된다고 보았기 때문이다. 그리고 인간발달의 각 단계는 반드시 전 단계의 성공적인 과정이나 실패와의 연관 속에서 나타난다고 보았다.[19]

한 내담자는 뛰어난 지성과 학력을 갖추고 있는 중년이다.

그가 필자를 찾아오게 된 이유는 당사자도 자신의 문제와 자신의 충동과 행동에 대해 이해하기 곤란하였고, 그런 자신에 대하여 이상하게 생각하였지만, 그의 부인의 반강압적인 요구에 의해서이다. 찾아가서 상담을 받지 않으면 이혼을 불사하겠다는 말에 정기적으로 나를 만난 것이다. 그의 문제는 성이었다. 좋은 직장과 배경에도 불구하고 그는 잦은 일탈을 통해 성에 몰입한다. 성에 몰입하는 방법으로 그는 유흥가를 찾아간다. 그리고 때마다 새로운 여성을 구하고, 관계를 할 때마다 상대 여성을 죽일 정도로 성적 가학성을 가한다. 소위 사디즘(sadism)과 같은 성향을 지녔다. 성관계 시 상대에게 극한 고통을 주고, 그 비참함을 경험하면서 자신의 쾌감을 즐기는 가학성 음란 증세를 가지고 있었던 것이다. 이러한 증상이 계속되면서 회사 생활의 비적응, 돈문제 그리고 급기야 이 사실을 알게 된 부인과의 냉전 속에 서 있었다.

그는 자신이 이렇게 된 사실에 대해 나에게 솔직하게 털어놓았다. 자신이 사디즘적인 성향을 지닌 것, 그리고 빈번하게 술집을 드나드는 가장 큰 원인을 자신의 부모에게 두었다. 물론 모든 원인을 과거에 돌리는 것은 현재 자신의 책임을 회피하는 좋지 않은 행동이고, 그게 답은 아니다. 과거는 현재의 나에게 충분히 영향을 줄 수 있는 것이지만, 과거의 트라우마가 있더라도 현재에 내가 어떠한 자세를 가지는가에 따라 현재와 미래는 다른 방향으로 갈 수가 있다. 그러나 그는 자신의 문제, 가학적 행위를 자신의 어머니에게 돌리고 있었다. 미모의 어머니는 자신이 초등학교 시절 아버지와 이혼을 하게 되었다. 자녀들을 데리고 모친이 택한 직업은 술집을 경영하는 것이었다. 그리고 이 술집 경영이 오래되면서 이 내담자는 어린 시절 자신의 어머니가 다른 남성들과 부적절한 관계를 맺는 것을 여러 차례 목도를 한 것이다. 그는 그때부터 어머니 그리고 여성에 대한 복수심을 불태우고 있었던 것이다. 그래서 중년이 된 지금까지 술집에서 만난 여성들에게 자신이 가진 수없는 복수를 하고 있었다. 물론 필자가 들은 그의 부친에게도 여러 가지 자유분방한 삶이 이 내담자의 정신세계에 일관성 있는 가치를 심어 주지 못했다고 본다. 필자가 이 책의 후반부에 가서 우리가 살아온 원가족(부모) 속에서 얽혀 있었던 가치와 생활들이 어떻게 우리 개인에게 직간접적으로 영향을 줄 수 있는가를 설명하며 중년기와 연관지어 구체적으로 연관성을 말하겠고, 여기서는 간략한 소개 정도만 하려고 한다.

필자가 일탈과 성에 대한 습관적 문제에 대하여 원가족의 역사에서 성장과정의 이야기를 언급하는 것은 이러한 문제를 보이는 사람들에 대하여 합리적인 변명을 늘어 놓으려고 하는 것이 아니라, 이러한 관점에서 혹 상대방을 보려는 마음의 자세가 대화의 창으로 이어질 수 있을까 하는 실낱같은 희망을 갖기 위해서다.

에릭슨은 중년기의 이러한 지속적 문제들을 보이는 침체성 성향들은 오늘날 사회에서 성적인 좌절감들이 많은 사람들의 관심이 되고 부각되는 반면에, 성숙성의 상실이라는 것에는 관심이 없다는 것과 연관지음으로써 사회가 일반적으로 중년기의 긍정적인 성숙성의 발달에 대한 관심보다는 성과 연관된 침체성에 관심 있는 풍조에 대하여 지적을 하였다.[20] 즉, 중년으로서 마땅히 책임 있고, 신뢰할 만하고, 사회의 구성원들에게 도움을 줄 수 있는 성숙성을 가진 중년이 되어야 한다는 것이 중년기의 이슈가 아니라 성(性)이 이슈가 되어 여기에 숱한 관심이 집중된다는 것이다. 미국 제약회사 파이저(Pfizer)에서 개발한 금세기의 성기능 강화제인 비아그라의 현상은 에릭슨이 지적한 상황에 적합한 예다. 이 약이 시판된 이후 특별히 중년기 이후의 남성들에게 미국에서는 말할 것도 없고 국내에서도 이 약에 대한 관심은 식을 줄 모른다.

중년에 침체성에 빠진 사람들은 자신들의 관심 이외에는 어떠한 것에도 관심을 가지지 않는다. 즉, 자신들의 육체나 정신은 자신만을 위한 이기성의 도구가 되는 것이다. 그러나 침체성은 전 단계들의 정신적인 결과들이 축적되어 중년기에 침체성으로 나타난 것을 의미한다. 에릭슨은 중년기에 나타나는 이러한 이기성에 대하여 다시 구체적으로 표현을 하고 있다. 성장발달에서 긍정적인 영향을 받지 않았다면 중년기가 되어서 '거짓 친밀감(pseudo-intimacy)'의 형태를 갖거나 리비도적(성적)인 관심에 집중한다는 것이다.

심리학자 도널드 위니콧(Donald Winnicott)은 자녀를 양육할 때 바르게 양육하면 아이들에게 진정한 자아(true self)가 생성이 되는 반면, 자녀에게 사랑 없는 교육이 주어지면 자녀 안에 거짓된 자아(false self)가 생성된다고 하였다. 진정한 자아란 각 사람의 품성에 맞게 허락한 고유의 능력들이 싹트기 시작한다. 그리고 어려움 속에도 바른 길을 가려고 하고, 책임 없는 자유가 방종인 것을 알고 책임을 지는 사회성을 갖추게 된다. 거짓된 자아란 위기와 곤란의 상황에서 자신을 방어하기 위해 진정한 자신의 모습이 아닌 곡해되고 거짓된 모습으로 자신을 가장하는 것이다. 즉, 어려서 부모나 가까운 사람들로부터 고립과 버림을 경험하면 자신에게 닥친 문제들을 해결하기보다는 회피하고, 힘이 조금만 들어도 쉽게 일을 포기한다. 자신의 모든 결정이 자기 이기주의에서 결정되면 타인에 대한 배려를 하지 않는 곡해된 자기가 형성되는 것이다.

관계성이 신뢰와 돌봄에 의하여 바르게 형성된다면 사람은 건강한 정신을 가지고 자랄 수 있는 환경적 요인을 제공받는 것이다. 그러나 이러한 환경의 조건 없이 어린 시절을 보내고 성장하면서 사람에 대한 사랑과 신뢰의 공급을 받지 못하면 성인이 된 후에 거짓된 관계성을 찾으려고 한다. 그러나 성장 과정에서 눈으로 목격하고 교육된 돌봄을 통한 관계성의 형성이 없거나, 성장하면서 사회 구성원들로부터 이러한 기회마저 가질 수 없었다면 관계성의 형성이 왜곡되어 표현이 된다. 즉, 거짓된 친밀감을 가지고 살아간다. 영혼 없는 형식과 삶을 살아가는 것이다.

도널드 캡스는 유아기 초기의 경험을 성인들이 경험할 수 있는 것과 비교를 하였다. 즉, 유아기 때 부모 및 환경이 자신들에게 관심을 가지고 있다는 사실을 확인하고 이러한 생활들이 연속적으로 생활에서 의식화가 되고 있으면 유아는 이 예측 가능한 외부적인 사람과 환경을 통해서 우호적인 보호성을 느끼게 되고 자신이 계속적으로 성장할 수 있다는 사실을 알게 된다.[21] 에릭슨은 부모나 돌보는 자들로부터 제공받는 정신적이고 물질적인 환경을 '신비로운 신앙 경험을 하는 순간(numinous moment)'이라고 표현한다. 이 말은 신비한 종교적 체험이 사람에게 새로운 차원의 신앙세계를 열어 주는 것과 같이 부모나 돌보는 자가 유아에게 대하는 양육은 아이들에게 새로운 세계를 경험케 하는 아주 결정적 체험이라는 의미이다. 반면 자녀들에게 있어서 가장 충격적인 것은 자신이 부모로부터 포기와 배반을 당했다는 느낌을 받았을 때이다. 이러한 충격적인 경험들이 성장하면서 치유되지 않는다면 성장 후에도 그 사람 속에 있는 자아는 늘 상처 입은 자아상으로 성립되어 있는 것이다. 다시 말하면 성인이 된 후에도 세상이라는 곳은 항상 자신에게 배신과 포기를 가져다줄 수 있는 위험한 장소라는 생각을 하게 된다.

D 역시 성에 빠져 자신의 중년을 보내는 사람이다. 그런 자신의 모습을 볼 때마다, 그래서 지치고 자신이 지겨울 때마다 상담자를 찾아 자신의 문제를 호소한다. 그의 문제는 자신의 환상 속에 각인된 여인상을 찾아 어제도 오늘도 찾아 헤매는 것이다. 그는 똑똑한 사람이며, 사회에서도 인정받는 위치에 있었다. 그런데 그는 자신에게 어린 시절에 각인된 성의 경험으로 인해 그것을 지울 수가 없어서 결혼을 하고 배우자와 자녀가 있음에도 불구하고 여기저기에서 그 여성상을 찾아 헤매고 있었다.

D는 초등학교 시절 부모의 불안정한 감정 상태를 늘 경험

했고, 결국 중학생이 되었을 때 부모는 이혼을 했고, 아버지가 그를 양육했다. 그때만 해도 아직 젊은 아버지는 자녀가 있지만 자신의 외로움을 달래는 것이 우선이어서 자녀 양육에 관심이 적었다. 그래서 여러 복잡한 여성관계가 지속되었고, 그 와중에 젊은 20대 여성을 집으로 데리고 와서 동거를 시작했다. 그런데 문제는 한창 사춘기인 그를 그 여성이 유혹을 해서 1~2년 정도 지속적인 관계를 하기 시작했고, 이후 그녀는 미안하다는 말을 남기고 집을 떠났다. 성은 인간에게 육체의 가장 최절정에 있는 감각을 느끼게 한다. 아마 이러한 감정을 느끼니 사람은 성관계를 하고, 이것이 인류의 종족 보존과 번식을 할 수 있는 이유일 것이다. 그런데 성에 대한 경험은 우리 개인이 자신의 감정을 어느 정도 조정할 수 있는 주관적 정체성 없이 경험을 하면 이것은 재앙이 될 수 있다. 예를 들어 집안 부모의 구조로 인해 가출하여 살아가는 청소년들이 자신들의 원가족에서 받지 못한 관심 그리고 허전함이 클수록 성관계가 빨라질 수밖에 없다. 적적함, 고독함 그리고 외로움을 단숨에 날려 보낼 수 있는, 그와 비슷한 힘을 가진 감정의 세계인 성관계의 느낌과 쾌감을 통해서 해소하는 것이다. 그런데 이런 관계를 가지고 살아가는 청소년은 자신을 객관적으로 볼 수 있는 정체성의 힘이 없기에 너무 이른 나이에 이성과 관계를 가지지만 거의 깨어지게 마련이다.

어린 나이에 지속적으로 경험을 한 D에게 그 관계성에서 나오는 쾌감은 한편에서는 윤리적 측면에서 나온 지독한 자기 파괴를 느끼면서도 다른 한편에서 어린 시절 부모의 불안정으로 나타난 정서적 불안을 탈출시킬 수 있는 통로였다. 그렇게 그에게 오랫동안 쾌감과 감정은 인이 박힌 채로 뇌리에 새겨져 있었다. 그가 현실이라는 결혼을 택하여 배우자와 가정을 꾸리고 생활을 할 때, 그의 현실은 어린 나이에 경험한 성의 환상세계와는 사뭇 달랐다. 결혼은 책임과 의무가 수반되어야 하는 계약이기 때문에 나 외에 배우자나 가족을 생각해야 한다. 배우자와의 생활에서 오는 유무형의 충돌과 결혼의 지겨움은 그를 과거 어린 시절의 여인을 찾아 현실을 도피하고 발버둥치게 만들었다. 그러나 이 사람이 생각하는 세계는 유토피아의 세계다. 환상의 세계이기에 그 세계에 집착하는 한 그의 정서와 감정의 세계는 더 망가질 뿐이었다.

성장하는 자녀들은 부모가 가진 가치관, 삶의 태도를 모방하면서 성장할 수밖에 없다. 그래서 자녀는 부모와 거의 흡사하다. 사회의 기둥이 되는 층은 중년층이다. 그들이 보이는 삶의 양식은 우리 사회를 움직이는 유무형의 힘이고 가치이다. 우리는 이것을 '톱니바퀴가 돌아가는 것'이라고 한다. 아직 성숙하지 않은 자녀와 청소년들은 부모와 우리 사회의 주축인 중년층의 가치가 움직일 때마다 그것을 듣고, 보고, 행동하며 자신들의 톱니바퀴를 중년층에 끼워 맞춰 움직인다. 싸움과 불안 그리고 가족과 부부로 살아가는 것에 대한 의미를 부부의 생활을 통해 보여주지 못하면 그들은 성인이 되어서 그 부족한 것을 찾아 헤맬 수 있다.

우리가 선호하고 추구하려는 환상의 세계는 없다. 생각한 대로 마음먹은 대로 다 되는 것은 개인을 여유롭게 하는 것이 아니라, 지독한 편견이나 오만에 빠져 살게 한다. 과거의 경험이 어땠든지, 그리고 그 환상이나 가치관이 어땠든지 현실이라는 가족과 배우자에 던져졌으면 그것에 직면하는 것이 우리가 성장할 수 있는 기회이다. 때로는 책임과 고통을 이겨내는 과정이 인간을 더 성숙시킬 수 있기 때문이다. 우리는 나와 다른 너를 통해 인간과 세상을 보는 관점이 조금은 더 관대해지고 공평해질 수 있기 때문이다.

자기애성 중년의 함정

원가족에서 느끼는 감정적인 심한 부정적인 생각들은 미래에 대한 불안을 가지고 올 수밖에 없다. 우리 모두는 미래에 대하여 알 수 없다는 공통점을 가지고 있다. 이러한 불안하고 미지의 세계에 대해 체험할 수 있는 용기는 바로 우리들이 과거에 체험하고 지금도 체험할 수 있는 '환경이 나에게 우호적이다'라는 느낌과 확신을 가질 때 우리는 미래에 대하여 첫걸음을 내디딜 수 있는 것이다. 또는 내가 도전하였을 때 여기에 부응하는 정당한 대가를 지불할 수 있는 곳이라 인식되면 우리는 도전을 한다. 그러나 환경이 이와 반대라면 미래라는 것은 항상 두려움의 대상이 되는 것이므로 도전과 창의성이라는 것은 항상 두려움과 공포로 인해 가려질 수밖에 없다. 그래서 어떤 일을 하는 데 있어, 또는 부부 사이에서 인내를 가지고 참고 기다리며 꾸준히 행하는 성실성을 택하기보다는 눈에 보이는 것, 감정이 동하는 것에 꽂혀 일을 결정하는 경솔함이 많이 있을 것이다. 왜냐하면 과거 자신을 둘러싼 부모와 외부적인 요인들로부터 받은 무거운 상처의 경험들이 우리를 옭아매기 때문이다. 그래서 미래의 희망을 가지고 현재를 살아가는 데

서툴다

상처 치유 없이 자란 이들은 주로 파괴적인 자아상을 형성하게 되고 있고, 우호적이고 돌봄의 환경을 가진 이들은 창의적 자아를 형성하게 된다.[22] 파괴적인 자아상이란 본래 태어난 인격적인 선한 모습을 가지고 있지 않은 것을 말한다. 그래서 성장한 이후에는 왜곡된 형태의 파괴적인 삶의 모습들이 나타나는 것을 의미한다. 반대로 창의적인 자아란 사람이 자신과 이웃의 관계에서 정말로 필요로 하는 사람이 되는 것을 의미한다.

이 파괴적 자아의 왜곡된 결과가 폭식과 폭음이다.[23] 즉, 폭음과 폭식이라는 것은 음식에 대한 지칠 줄 모르는 욕망을 가지고 있기 때문에 자신이 필요로 하는 음식 이상의 것을 지금 당장 먹어치우는 것을 의미한다. 폭음과 폭식의 중요한 심리적 양식은 '바로 지금, 여기'라는 것이다. 전후좌우에 대한 생각 없이 당장 처리하고 먹어버리고, 그 자체에 무한한 신뢰성을 주는 것이기에 이 일 후에 어떤 상황이 발생할지에는 관심이 없다.

문제는 왜 이러한 폭식이나 폭음을 하게 되는지 설명이 필요하다는 것이다. 음식은 인간이 생명과 돌봄의 차원에서 최소한으로 필요로 하는 요소이다. 이것이 초기단계에 돌봄의 차원에서 제공되지 않으면 사람이 가지는 태도는 이것을 다시 회복하고자 하는 욕구들이 성장하면서 내재하게 된다는 것이다. 그리고 당시에 해결되지 않은 문제들이, 즉 자신이 인간적인 차원에서의 돌봄과 관심을 받지 못한 것과 연관되어 지금 당장 폭식과 폭음이라는 것으로 해결하려는 경향을 보인다. 물론 이것은 음식에 대한 폭음이나 폭식과만 연관된 것이 아니다. 인간이 관계된 모든 분야에 이러한 경향으로 표출이 된다는 것이다. 지칠 줄 모르는 성과 외도 그리고 습관적인 일탈에 대한 형태도 바로 이 폭음과 폭식의 현상으로 볼 수 있다. 결국 자기결핍 구조에서 온 자기애성(自己愛性) 문제다.

이 폭식과 폭음의 또 다른 해석은 여기에 빠진 사람은 삶과 미에 대해 무관심하다는 것이다. 삶에 대한 무관심이란 심한 육체적 그리고 정서적 불안을 동반하는 것이며, 심하면 죽음으로까지 확장될 수 있다. 삶에 대한 무관심은 삶의 질이나 삶의 문화라는 차원보다는 내 결핍을 지금 당장 먹어치우고 배를 채우는 것에 대한 관심이기 때문에 이런 개인 그리고 사회에는 삶의 가치나 문화가 형성되기 어렵다.[24]

> 폭식(gluttony)은 그 어떤 것에도 가치를 주지 않고 소화해 버리는 것이다. 맛을 보지 않고 오로지 삼켜버리는 것이다.[25]

폭식의 특징은 필요 이상의 음식을 먹으려는 시도이기 때문에 타인과의 관계는 늘 자기중심적이다. 심리학적 분석에서 이 폭식은 나르시시즘이다. 프로이트는 나르시시즘을 환상적인 가치의 속성을 가지고 있는 것으로 보았다. 자기애성에 빠진 사람들은 자신의 자기애성적인 고리를 근거로 하여 외부세계와 접하면서 끊임없이 자신의 나르시시즘의 고리로 귀의하는 것이다. 그리고 이러한 관계성은 현실적인 세계를 자신의 나르시시즘 입장에서 항상 해석을 하는 것이기에 현실의 상실을 의미하는 위험한 것이다.[26]

심리학자 오토 컨버그(Otto Kernberg)가 해석하는 자기애성의 정의는 우리에게 더 세밀한 근거를 제시한다. 그는 자기애성적 환상(narcissistic illusion)은 언어적 폭행(oral aggression)이 증가하고 자신을 보호하려는 방어라고 말했다. 그리고 더 구체적으로 이러한 나르시시즘 환상이 발생되는 구체적인 원인을 어린 시절에 혹독한 아픔과 좌절을 경험하거나, 혹은 폭행 충격으로 인해 인내하는 데 한계가 있기 때문이라고 여기고 있다.

어린 시절에 자신을 보호해야 할 사람들에게서 불만족과 희생과 분노를 경험하게 됨으로써 이러한 사람들은 자기애성의 환영에 빠지는데, 그것은 공포스러운 심리적 상황에서 자신들을 보호할 수 있기 때문이다.[27] 이러한 생활이 그들의 어린 시절을 지배하고, 많은 좌절을 경험하고, 또한 증오에 차 있어 자기애성 환영에 빠진 사람들은 자신과 다른 사람들을 본질적으로 가학성(sadism)을 가지고 대하며, 매우 공격적이고 저돌적인 견해를 가지고 있고, 또 미래를 기다리고 인내하는 데 한계가 있다. 여기서의 미래란 바로 자신에게 유익과 즐거움을 주거나 유지시켜 주는 사람이나 가능성을 의미한다. 그래서 자신에게 당장 즐거움을 줄 수 있거나 유지시켜 줄 수 있는 이성에 빠지는 것도 이런 이유에서다.

인내하는 데 한계를 느낀다는 것은 일시적이고 순간적이고 즉각적인 만족을 추구하고 그 만족의 주체가 늘 자신의 나르시시즘 환상에 근거한다. 왜냐하면 미래의 기대는 이미 부정적이라는 것으로 성장과정에서 경험되었고, 이 경험을 통해서 미래는 험하고 불행한 것으로 인지되어 오히려 아무것도 기대하지 않게 되고, 동시에 자신에게 제공되는 모든 것이 무가치한 것이라고 생각하게 된다.[28] 이러한 입장에서는 자신과 타인에 대한 정상적인 생각에서 벗어나 자신을 완전하고 완벽한 사람으로 여기며 타인을 무가치한 존재로 여긴다.[29]

50대 초반의 주부는 자신의 한스러움을 눈물로 호소했다. 그녀는 수십 년 동안 신앙을 가지고 교회를 다니는 사람이었다. 그런데 문제는 남편이었다. 30년 가까이 결혼 생활을 하면서 그녀는 누구에게도 말 못할 수치스러운 가정의 비밀인 남편이 있었다. 결혼해서부터 지금까지 남편은 바람을 피웠다. 여자들을 만났다가 헤어지고, 또 다른 여자들을 만나서 관계를 유지하면서 살아가는 남편이었다. 이것도 이 여인과 자녀들에게 씻을 수 없는 상처를 주었지만, 여기에 더하여 결혼 생활 동안 경제적으로 가정에 전혀 도움을 주지 않았다는 것이다. 그래서 모든 경제적인 조달은 부인이 일을 하여 자녀 양육과 집안 살림을 꾸려 나갔다. 남편은 결혼 전부터 직장을 다니고 있었고, 가족과 집안을 등한시하면서도 직장 생활은 착실히 하였지만, 직장의 모든 수입은 자신의 관리와 유흥비로 탕진했다. 자신은 하고 싶은 것, 가장 좋은 물품을 구입하였지만 가족을 위해 내놓는 일은 결코 없었다. 지독한 이기주의이고, 이러한 이기주의로 함몰된 사람들의 심리적 양식을 '냉담'이라고 하며, 가족을 비롯한 타인을 대함에 있어 냉담으로 일관하는데, 이것은 엄격히 자신을 사랑하지 않는 냉담이다. 그리고 이러한 부모의 냉담 방식은 좋은 것에 비해 훨씬 빠르고 급하게 자녀들이 모방을 한다. 이것은 마치 성을 쌓는 일은 더디지만, 허무는 일은 쉬운 것과 같은 논리다.

배우자와 가족을 돌보지 않고 가치 없이 여기는 것은 바로 자신의 장황스러운 자아(grandiose self)를 보호하고 유지시키기 위한 것이 가장 핵심적인 심리적 요인이다. 오토 컨버그는 이러한 사람들이 인간관계를 맺을 때 착취를 한다고 지적한다. 마치 레몬을 짜고 나서 필요가 없으니 길에 버린다는 식으로 자신의 필요에 따라 사람을 이용하고 버린다는 것이다. 가족들은 이러한 이에게 마치 먹이와도 같은 것이며 무의미한 존재로 여겨지는 것이다.[30]

심리적 자기애성에 속하여 폭식을 하듯 이기적 성향에 싸여 있는 중년기들은 지천명(知天命)의 나이에도 불구하고 삶을 질이 아닌 양으로 평가한다. 삶을 가치로 평가하는 것이 아니라 가진 것으로 판단하고, 자신의 이기 성향에 따라 닥치는 대로 자신과 자신이 속한 집단을 위해서 폭식해 버리는 것이다. 사상가인 마틴 부버(Martin Buber)는 삶을 양으로 평가하는 개인이나 사회에 대해 부정적인 면을 지적하고 있다. 양으로 평가한다는 것은 외관으로 사람을 평가하는 것으로 가령 재산, 지위, 가문, 교육의 정도 등으로 사람을 매김하는 풍조를 의미한다. 인간이 쓰고 있는 가면(persona)과 신분을 사람보다 중히 여기는 개인과 사회는 신분과 소유를 판단의 기준으로 삼고 있고 이러한 사회나 개인의 구조를 그는 일방적인 관계요, 대화가 두절된 수직적 관계로 표현하고 있다. 그리고 이러한 구조와 사람 안에 있는 자들은 인간관계에 상처를 주게 되는데, 그 이유는 사람들을 자신의 이익을 위해 이용하기 때문이다.

중년기에 나타나는 이러한 정신적·육체적 침체성은 자기에 대한 극한 이기성의 집착에서 오는 결과이다. 중년기에 성에 집착하는 것은 일순간에 발생한 사건이 아니라는 점이다. 가정을 책임진 중년기로서 신뢰받는 어른의 역할을 하려는 경향보다는 회피하여 다른 만족을 찾는 것은 오랜 세월의 습관화된 행동과 행위의 결과라는 말이다.

> 중년기의 이기적인 성향의 이유는 초기 아동기의 경험에서 흔히 발견된다. 자신이 만든 너무나 강하고 과다한 자기 사랑에 기초한 인격, 그리고 마지막으로 아동들이 '공동체에 환영받을 수 있는 존재'라는 것을 확인시킬 수 있는 어떤 신앙과 같은 분위기와 공동체의 부재에서 오는 것이다.[31]

위에서 에릭슨이 언급한 후반부의 말을 유심히 살펴볼 필요가 있다. 그는 아동들에게 주어지는 우호적인 분위기, 즉 그들이 용기와 돌봄 속에서 성장할 수 있는 분위기를 신앙과 같은 분위기라고 표현했고, 중년기의 이기적 성향은 바로 이러한 환경의 부재에서 오는 것으로 정의했다. 에릭슨이 지적하는 것은 두 가지이다. 첫째는 성장과정에서의 과다한 이기적인 사랑이고, 둘째는 사랑과 신뢰를 공급할 수 있는 공동체의 상실이다. 이러한 면에서 그는 우호적 환경 요소를 '개체 발생의 밑거름(ontogenetic source)'이라는 표현으로 나타냈다. 즉, 인간 성장에 있어서 사랑과 신뢰를 공급할 수 있는 우호적 환경 요소가 가장 핵심적인 역할을 한다는 의미이다. 우호적 환경이라고 해서 무조건적으로 아이들의 요구를 들어주는 것을 의미하는 것이 아니다. 훈련과 양육을 동반하지 않은 우호적인 환경은 결국 아이들을 무책임한 인간으로 성장시키는 지름길이다. 우호적인 환경 없이 성인이 되어 침체성에 빠지는 경향도 있지만, 이러한 훈계와 양육을 통하여 공과 사를 구분하고 남에게 피해를 주지 않는 개인으로 성장하는 것을 교육시키지 않으면 그 또한 무책임한 사람이 될 것이다.

자기 이기주의에 빠진 중년을 '침체성'에 빠진 중년이라고도 한다. 이 중년기 침체성(stagnation)에 빠진 사람들의 근본적인 감정의 태도는 '거부(rejectivity)'이다. 이 거부의 의미는 침체성에 있는 중년기들이 이미 자기도취 상태에 있기 때문에 타인에 대한 관심과 돌봄에 대해 냉담으로 나타난다. 이 냉담은 현실과 영적인 면에서 모두 냉담한 반응을 보이는 것이다. 즉, 수평적 인간관계에 있어서는 가족으로부터 시작하여 이웃에 대하여 이기주의 속에 빠지는 냉담을 가지고 있고, 수직적으로도 신앙에 대한 냉담을 가지고 있는 것이다. 그러므로 이러한 침체성에 있는 중년기는 과거의 회상과 반추 속에 남겨진 삶에 대한 의미와 후손과 공동체에 대한 관심을 갖기보다는 '나'라는 테두리 안에서 끊임없이 갇혀 있는 나르시시즘에 빠져 있는 것이다.

심리학자 에릭슨은 이 면에서 침체성을 자기몰입(self-absorption)이라는 자기애성적 의미를 가진 것으로 정의하였다.[32] 에릭슨이 정의하는 침체성이란 프로이트가 언급한 쾌락원칙의 부정적인 면과 같다. 즉, 거부란 현실에서 중년기 자신의 개인적 책임성과 그리고 사회에 대한 책임성을 거부하는 것이다. 또 캡스는 중년기에 나타나는 자기만의 관심과 침체성은 타인에 대한 관심을 파괴시킨다고 보았다. 자기에 대한 관심이 너무 많기 때문에 타인에 대한 관심을 가질 만한 여유가 없고, 이러한 침체성은 결국 심리적으로나 육체적으로나 병약한 인간을 만들어 낸다고 지적했다.

이 침체성은 두 부류로 나뉜다. 첫째는 수동적 의미에서 단지 희망에 대한 부재를 의미하는 것으로 삶의 의미와 가치를 두지 않고 살아가는 것이고, 둘째로 능동적인 면에서는 욕망이 왜곡되는 것이다. 이러한 왜곡된 욕망이나 의미의 상실은 개인의 발달 과정에서 불균형적인 심리발달로 개인들에게 흔히 사회에 적응할 수 없는 심리적 근심을 초래하게 한다.

가정교육에 대한 명쾌한 저서를 낸 프리드먼은 가정에서 필요한 요소가 단지 사랑 혹은 관심만이 아니라고 지적하고 있다. 가정에는 반드시 부모가 바른 철학과 가치관을 가지고 자녀를 양육해야 하는 분명성이 있어야 한다.[33] 즉, 악과 선에 대한 올바른 가치관, 인간관계에서 윤리적으로 책임져야 할 일 등을 말하는 것이다. 이것 없이는 자녀들이 성장하면서 책임 의식 등의 기반이 약화된다.

우리는 간혹 착실한 사람이 중년기 위기의 문제에 빠져 무책임한 사람으로 변했다는 이야기를 듣는다. 행동과 습관에 있어 늘 무책임하고, 자기 위주의 결단을 내리는 경향이 중년기의 침체성 결과를 낳게 한다는 것이다. 훈련과 교육되지 않은 중년기의 남녀로 하여금 현재에 있어 명확한 성에 대한 승화적인 태도를 가지는 성숙성에 대한 관심보다는 리비도에 입각한 이기적인 형태의 선택을 하게 된다는 것이다.

프로이트에 의하면 성은 인간에게 보편적인 관심사와 같은 것이다. 인간은 바로 여기에서 출발한다고 보고 있기 때문이다. 그러나 필자는 프로이트가 말하는 성이 인간의 본능이라는 사실을 벗어나 대상심리학자 페어베언(Fairbairn)이 지적한 바와 같이 인간의 본능은 성이기보다는 관계성이라고 본다.[34] 즉, 성에 대한 관심의 이면에는 인간이 연모하는 관계성에 대한 본능적인 욕구가 있다는 것이다. 같은 맥락에서 칼 융도 프로이트에게 반대하여 인간이 성에 대한 문제를 발생하는 것은 우주의 근원자와의 일치성에 대한 욕구가 내면에 있다고 주장한다. 다시 말하면 가족과 부모에게 받는 일관된 성숙한 정서적 요구를 받는 데 실패하여 정서적 세계가 방황을 하면, 사람은 '성'에 끌려갈 수 있는 구조가 될 수 있다는 것이다. 바른 관계성을 전제로 하지 않은 성생활이나 성에 대한 욕구는 인간관계를 황폐화시킬 뿐이다. 중년기에 성과 연루되어 때로는 중독되어 집착과 애착을 가지고 늪에 빠지게 되면 개인과 가정은 정신적으로나 육체적으로 삶의 중심에 구멍이 난 것 같은 심한 공동화에 빠지게 된다.

　인간의 관계성이 가장 중요한 본능이라는 것에 대한 예를 들어 보자. 알코올중독이나 놀음중독은 바로 성장과정에서의 부적절한 관계성이 성인이 된 후 적용되는 것으로 본다. 사람은 평생 관계성을 맺으며 살아가고, 또 관계성의 단절은 사람들에게 매번 큰 상처를 남긴다. 부적절하게 경험된 초기 아동기의 경험들이 성장과정에서 치료가 되지 않으면 인간은 본능적으로 부적절한 관계성을 형성하게 되는 것이다. 어려서 부모로부터 이러한 바른 관계성을 교육받으면 인간은 신뢰와 사랑을 배우게 되고, 우리가 흔히 이야기하는 창의적 자기(creative self)를 형성하게 된다. 이것을 바탕으로 하여 사람은 보이지 않는 미래에 대하여 도전하고 희망을 품고 전진하는 것이다. 그러나 이러한 것이 상실되었거나 적당하게 공급받지 못하면 사람은 미래에 대한 두려움과 공포를 갖게 되고, 현실조차 생각하지 않고 지금 당장 나에게 만족을 줄 수 있는 것만을 생각하게 된다. 놀음이나 알코올중독은 인간이 가지는 본능적인 관계성의 상실을 성인이 되어서 중독이라는 비정상적인 방법으로 관계성을 맺으려고 하는 본능의 몸부림으로 볼 수 있다.

필자와 상담을 나눈 30~40대의 남자들 가운데는 지금까지도 간혹 정신적인 문제들이 현재까지 발생하고 있는 사람들이 있다. 이들이 성인이 된 후에도 아직까지 따라다니는 정신적 문제의 근원은 초등학교 시절의 아버지의 모습 때문이다. 어린 시절에 아버지는 내연관계에 있는 집에 자신들을 데려갔고, 자신의 아버지에게 아버지라고 부르는 또 다른 또래의 아이들을 본 것이다. 어린 나이에 무엇이라 말할 수는 없었지만, 그때의 정신적인 충격은 평생 이 사람들을 따라다니고 있다.

아버지의 외도로 인해 어머니와 다투는 광경을 자주 목격한 딸은 자신의 이런 어린 시절을 회상하면 늘 아버지가 죽도록 미웠다는 것이다. 힘이 있으면 죽이고도 싶었고, 이혼도 하지 못하고 아버지의 행패에 끌려다니는 어머니의 모습 또한 참을 수 없어, 자신은 어떻게 하든지 이 가정을 뛰쳐나오고 싶어 일찍 결혼을 하였다. 아버지는 무능했고, 매를 맞는 엄마는 일을 하면서 자신들을 키웠다. 아버지는 직업이 없는 대신, 매일 어머니로부터 용돈을 받아 말쑥하게 좋은 옷을 입고 하루 종일 술집을 전전하다가 집에 들어왔다. 그녀가 사춘기가 된 어느 날, 여느 때처럼 어머니가 준비해 준 용돈과 옷을 입고 밖으로 나갔는데, 늦은 저녁이 다 되어 아버지가 길거리에 쓰러져 있으니 모셔가라는 전달을 받고 갔을 때, 아버지는 어머니가 마련해 준 좋은 옷을 입고 술에 취해 진흙바닥에 쓰러져 있었다. 그녀는 아버지에 대한 분노로 아버지의 옷을 다 찢어 버렸다. 결혼 후 이 여인은 집안 주부로서 살아가고 있었는데, 남편이 출근하면 그리워서 남편이 좋아하는 음식을 준비하다가, 남편이 회사에서 돌아올 시간이 되면 준비한 음식을 어떻게 할 것인지 고민에 빠졌다. 음식을 버릴까? 아니면 냉장고에 감추어 둘까? 하는 질문을 하다가, 두 개 중 하나를 택하곤 했다. 이러한 심리적 상태는 성장과정에서 아버지에 대한 증오에 대한 투사다. 이유 없이 남편이 미워지는 것이다. 결혼 후 남편에 대한 자신의 생각이 남편에 대한 신임보다는, 예전에 자신과 어머니를 괴롭혔던 남자인 아버지에 대한 생각으로 남편을 바라보게 되고, 남 모르는 의심과 증오가 싹트고 있다는 사실을 알게 됐다는 것이다. 이것은 에릭슨의 지적과 같이 독소적인 요소가 다음 세대에 전수된다는 것이다. 이것이 소위 상처받은 부모(wounded parents)가 자녀에게 그대로 재현될 수 있다는 가능성을 말해 준다.

사람은 성을 가진 피조물이다. 성은 인간이 가진 본능에 속한다. 기본적으로 인간이 가지는 본능이 있다. 목숨을 지키기 위해서 음식을 섭취하여야 하고, 내외부의 위협적인 환경으로부터 자신을 보호하는 것은 본능이다. 더불어 정신적인 안정과 관심을 받는 것도 빼놓을 수 없는 본능이다. 결혼 생활이나 자녀교육을 하면서 갈등과 위기가 오는 것은 자연스러운 일이다. 이러한 일들이 발생한다고 해서 불행한 사람들이라고 여기는 것은 잘못이다. 누구나 겪을 수 있는 일이기 때문이다. 그러나 중요한 것은 문제에 당면했을 때, 문제 속에서 좌절하고 포기하는 많은 사람들은 성장과정에서 갈등의 함수를 슬기롭게 해결한 부모의 모델을 볼 기회가 적었고, 훈련이 되지 않았기 때문이다. 그러므로 갈등 발생 시 자기와 관계된 것을 쉽게 포기해 버리기 쉽고, 이 갈등의 탈출구로 성적인 유혹에 현혹되거나 중독에 빠져서 자신의 불안을 상쇄시키기 쉽다. 이러한 환경이 바로 비친화적 환경이다. 물론 이 환경은 가정과 사회를 포함한 것이다. 이 비친화적인 환경들은 불신뢰를 형성하게 되고 성인이 된 후에도 사회에 대한 환원적인 헌신을 찾기보다는 본능적으로 유아기의 자기도취로 돌아간다. 왜냐하면 성장하면서 역기능적인 가정과 부모와 이웃으로부터 끊임없이 애매한 메시지와 상황들을 경험하며 성장하기 때문이다.[35] 그리고 성장한 후에는 제공받지 못한 관심들을 다시 받으려는 과거로의 회귀가 있으나 성장과정에서 교정되고 훈련되지 않았으면, 이것이 과도한 폭력적인 나르시시즘이나 사회가 용납하기 힘든 형태로 나타난다.

프로이트는 '전이된 신경증(transference neurosis)'을 언급하면서 과거의 아픔이 해결되지 않으면 현재에 그것을 재현하고자 하는 충동을 일으킨다고 하였다. 결국 성과 외도 그리고 중독의 이유는 성장과정에서 누적된 비친화적 환경 때문에 문제를 직면하기보다는 회피하고, 자기위주의 선택을 하게 만드는 한 결과로 보아야 할 것이다. 그러기에 성이라는 본능의 에너지를 승화하기보다는 집착을 하게 되는 것이다.

성장과정에서 절제와 훈련되지 않은 인격 성장으로 인해 중년기에 쉽게 성과 외도의 유혹에 빠져드는 상황을 설명했다. 고난과 어려움을 지혜롭게 헤쳐 나가는 모델의 부재와 자기위주와 자기중심으로 되는 중년에는 성장과정부터 현재까지 자기애성이 이 혼란의 중심에 있는 것이다. 남을 배려함으로써 자신과 타인이 공존하는 것을 배우지 못했고, 결핍과 박탈은 지독하게 자기애성으로 빠지게 하였다. 그러나 에릭슨이 언급한 것과 같이 한 인간을 이해하기 위해서는 반드시 사회적 환경과 그 개인 간의 상호작용을 생각하여야 한다. 훈련되지 않은 인격 성장도 중년기의 방황에 영향을 미치는 것은 사실이지만, 중년기를 둘러싸고 있는 가정과 사회적인 환경도 개인의 행동을 결정케 하는 중요한 요인이다. 즉, 중년기의 방황에는 그 중년기를 둘러싸고 있는 사회적인 환경이 이러한 방황을 승화할 수 있는 사회적 분위기인가, 아니면 침체와 방황을 부추기는 문화인가를 살펴볼 필요가 있다. 방황을 부추기는 이러한 문화가 있기 때문에 더 많은 중년들이 침체에 빠진다고 본다.

제4장

중년 성에 대한
심리적 이해

성의 심리학

프로이트는 쾌락의 원칙(pleasure principle)을 인간이 가진 기본적인 원칙으로 여기고 있다. 이 쾌락의 원칙은 인간이 가진 정신적 고통을 가능한 한 완화시켜 쾌락을 유지하거나, 쾌락으로 변형하는 원칙을 의미하며, 사람은 이러한 쾌락적인 원칙을 지속적으로 가지려는 본능이 있다.[1] 사람이 행동하는 모든 것이 근본적으로 자기중심적이고 쾌락 본능적인 것에서 나온 것이기에, 그는 심지어 종교의 체험도 결국은 사람이 가진 근본적인 자기중심적 쾌락에서 온 것이라고 단정 지으며, 인간이 종교를 가지게 된 이유를 자신의 안정과 쾌락을 유지하지 못하기 때문에 이것을 안정시키기 위해 인간이 창안한 것이라고 말한다. 이러한 면에서 사람이 활동하는 모든 범위에는 쾌락이라는 청사진이 놓여 있어 사람은 무제한적으로 나르시시즘 (unlimited narcissism)을 구하고 있다는 것이다.[2]

물론 이러한 쾌락 본능주의적인 사람들의 성향이 여과 없이 현실에 그대로 노출되어 있지는 않다. 소위 이드(Id)라고 지칭하는 인간의 본능에 대하여 그는 말하기를 이것은 무절제적이며, 조직화되지 않고, 비논리적이고, 원시적인데 이것이 쾌락주의의 만족을 원하기 때문에 방출되는 에너지로 표현을 했다. 그러나 이러한 본능적인 욕구들이 현실적으로 수용하기 어렵기에 현실적인 원칙(reality principle)에 의하여, 그리고 자신들을 보호하려는 명목하에서, 쾌락을 지연시키거나 현실원칙에 위배되지 않은 형태로 나타난다. 그러나 인간이 가진 이러한 성적 본능에 뿌리를 두고 있는 쾌락주의적인 성향은 현실원칙에 의해서 훈련시키기 매우 어려운 것이라고 했다. 이러한 성적 본능에 기초한 인간의 쾌락주의적 성향은 교육과 도덕을 통한 초자아(super-ego)에 의해서 통제를 받아 사회에 용납할 수 있는 형태의 것으로 표출되는 현실적인 원칙을 따른다. 또한 이러한 쾌락원칙의 중심인 에로스(eros)는 인간문명을 형성하는데 가장 핵심적인 역할을 하였다. 그 이유는 에로스적인 쾌락원칙이 현실원칙을 통하여 인류의 문명에 남기 때문이다. 즉, 문명은 생식기적 사랑(genitallove)을 절제하면서 승화시켜 나타난 것이고, 이러한 맥락에서 문명 속에는 억압되고 절제되어 은닉된 인간의 억압된 드라이브(repressed drive)인 성이 숨겨져 있다.[4]

> 사람들은 성적인 사랑이 가장 큰 만족을 가져다준다는 것을 발견했다. 그리고 이러한 성적인 사랑은 인류에게 모든 행복의 원형을 제공하였다. 이러한 성적인 관계성 안에서 행복을 추구해 왔고, 미래에도 생식기적 에로티즘을 삶의 중심적인 것으로 삼으며 살아갈 것이다.[5]

인간이 성이 중심된 에로티즘이 본성이고 모든 인간은 과거로부터 현재 그리고 미래까지 이 굴레에서 벗어날 수 없을 것이라는 프로이트의 공언은 당시 유럽의 기독교 사회에 큰 충격을 주었다. 그러나 프로이트는 자신이 말한 성, 그리고 그것을 억압해서 무의식에 내리고, 이 무의식에 끌려다니는 것이 가엾은 인간이라는 점을 강조하면서 자신이 인류역사에 제3의 통사(痛事)를 일으켰다고 했다. 제1의 통사는 코페르니쿠스가 지동설을 주장하여, 천동설의 잘못을 보게 한 것이고, 둘째는 다윈의 진화론으로 인간이 동물에서 진화했다는 주장은 인간은 하나님의 형상으로 이루어졌다는 교리에 커다란 상처를 입힌 것이다.[6]

프로이트에 의하면 사람은 성적인 사랑이 가장 만족을 주는 것이라는 사실과 이것이 또한 모든 행복의 원형(archetype)이 되는 것을 제공해 주며, 삶을 통해 이것을 추구하고 이것이 행복의 중심이 된다는 것을 알았다. 그리고 이것은 인간이 이 땅에 생존하는 동안 변함없이 되풀이될 것이라는 것이다. 그는 인간이 가진 쾌락 본능의 원칙은 바로 완전을 추구하는 본능에서 기인하는 것이며, 이 완전이란 인간에게 있어서 만족이라는 것이다. 개인을 비롯하여 인류 전체는 더욱 완전이라는 명제를 가지고 지금도 발달되고 있으며, 이 완전이라는 의식의 배후에는 만족과 쾌감이라는 정신적인 배후가 있음을 언급한 것이다. 문명이 발전하면서 현대인들은 과거와 다른 문명의 혜택 속에서 살아가지만, 인간의 내면에는 인간의 쾌락 본능이라는 것이 과거나 현재에도 변화가 없는 것이며, 인간의 본능이 반복되고 있을 뿐이라고 규정하였다. 프로이트는 고대부터 인간에게 반복되는 본능에 대하여 다음과 같이 말한다.

처음부터 살아 있는 것들은 변화를 원하지 않는다. 만일 외부 조건들이 그대로 머물러 있다면 이것은 계속적으로 같은 것을 되풀이할 뿐이다. …… 외부적으로는 변화와 진행이라는 속임수적인 출현을 나타내고 있지만 이러한 본능들

은 사실 과거나 현재나 같은 경로를 통하여 단순히 고대에
서부터 행해진 같은 목적들을 성취하려는 것이다.[7]

　프로이트는 말년에 인간이 살아가는 이유를 일하는 것과 사
랑하는 것(to work and to love)이라고 했지만, 그 이전에는 행복 추
구(쾌락)라 하였고, 인간은 계속적으로 이것을 자신에게 상
주시키길 원한다고 했다. 이 쾌락 추구는 첫째로 긍정적 의
미에서 인간의 성향은 모두가 고통과 불쾌한 것들을 제거하
기를 원하고 있으며, 부정적인 면에서는 아주 강하게 자신에
게 만족을 줄 수 있는 쾌락을 경험하기를 원한다. 이러한 쾌
락 추구의 원칙이 미리 내재화된 구조에서 인간은 세상에 태
어났으며, 이것은 인간의 정신적 세계 및 신체적 세계를 지배
하고 있고, 그 범위는 인간인 소우주(microcosm)에서부터 대우주
(macrocosm)를 지배하고 있는 원칙이다.[8]

　인간은 어떠한 것을 그들의 삶의 목적으로 하고 있으며 어
떤 것을 성취하려고 하는가? 여기에 대한 대답은 의심할 여
지 없이 인간은 행복해지길 원하고 또 그 행복이 지속되기
를 원한다. 이러한 인간의 노력은 긍정적인 면과 부정적인
면의 목적을 가지고 있다. 즉, 긍정적으로는 고통과 불쾌한
것을 피하려 하고 있고, 부정적으로는 강한 쾌감을 경험하

기를 바란다는 것이다.[9]

왜 인간은 쾌락을 추구하는가? 프로이트는 인간의 쾌락 추구 본능에 대하여 세 가지의 이유를 제시하고 있다. 기본적인 이유는 인간은 세 가지의 내외부적 구조에 의해 위협을 받기 때문에 이 성향을 가지게 된다. 첫째는 우리의 몸이다. 우리의 몸이란 언젠가는 쇠퇴하고 소멸되기에 몸에는 항시 신체적 그리고 정신적 고통과 고민이 동반된다는 것이다. 이러한 고통에 대해 인간은 본능적으로 방어를 한다. 둘째는 폭력과 파괴를 가진 무자비한 분노를 나타내는 외부세계로부터의 위협이 있다는 것이다. 그리고 마지막으로는 사람과의 관계성에서 오는 고통이며, 이것은 다른 어떤 고통보다 심한 것으로 간주하고 있다.[10] 이러한 피할 수 없는 숙명적으로 주어진 여건들이 인간의 정신적 구조로 하여금 자기보호 및 쾌락의 목적으로 가지고 살아가도록 하는 것이다. 이러한 자기보호 및 쾌락 추구의 인간 본능은 미(美)와 매력에 대한 추구로 강렬하게 나타난다.

미에 대한 추구란 인간의 모습, 몸짓, 자연물, 풍경 그리고 심지어 과학적인 창조물에 대한 것을 의미한다. 인간의 문명은 이것을 기반으로 발전하고 있다. 이러한 미에 대한 인간의 추구는 위에서 언급한 구조적인 세 가지의 위협으로부터 인간을 보호하기 때문이다. 프로이트는 이 미에 대한 정의를 어느 분야에서나 구체적으로는 할 수 없지만, 중요한 것은 인간이 가지는 미에 대한 애착이라는 것은 성적인 감정에서 파생된 것이라고 보고 있다. 즉, 쾌락 추구의 인간 본능이 현실원칙에서 그대로 투영될 수 없기 때문에, 이 쾌락적 본능은 어느 정도 억압된 채 개인이나 인류 문명에 미의 형태로 나타난다는 것이다. 바로 이 억압된 본능의 뿌리로 인해 인간은 미에 대한 애착을 가지는 것으로 표현된다고 생각하였다. 이 면에서 프로이트는 '미'와 '매력'이라는 것은 원래 성적 대상의 속성들이며, 미와 매력을 인간이 선호하는 것은 생식기에 대한 애착이 현실원칙에 의해 억압받음으로써 생식기의 이차적인 특성들을 사랑하게 되는 것이라고 말한다.[11]

사실 이러한 프로이트의 성에 대한 심리학적 해석과 관념들은, 가부장적 사회가 조성된 당시의 여건에서 비롯된 남존여비(男尊女卑)의 문화에서 생성된 남성우월의식을 기반으로 한, 성에 대한 해석이라는 것이 일반적이다. 그리고 그의 이론은 당시 비엔나 문화가 얼마나 가부장적이며, 성의 문제가 많은 사회였는지를 간접적으로 보여주는 것이다. 여성주의 심리학자 조앤 베르조프(Joan Berzoff)는 프로이트 당시의 남성 가부장적인 세계에 대하여 다음과 같이 언급하고 있다.

프로이트는 모라비아(현재 체코슬로바키아)에서 1856년 포목상의 아들로 태어났다. 그는 네 살 때 가족과 함께 스위스의 비엔나로 이주했다. 빅토리아 시대의 절정에 있었던 이 도시는 유럽에서는 음란과 성문제의 도시로 여겨지고 있었다. 가톨릭교회 문화에서는 이 음란과 성에 대하여 억압과 통제를 하려는 노력이 있었다. 그러나 일상적으로 남자들은 사창가를 찾아갔고, 여자들 또한 정부가 있었다. 빅토리아 시대의 비엔나는 근로자층에게는 여성들이 성적인 소유물이나 혹은 사회적 역할이 조심스럽게 규정된 성적인 감각이 없는 대상으로 여겨졌다. 이 두 가지 사실에서 알 수 있는 것은 당시 여성들은 자신들의 가능성을 실현시킬 수 있는 사람들로 여겨지지 않았다. 더욱이 피임 수단이 없었던 당시 모든 사회계층에서 '성'이라는 것은 위험스러운 것으로 여겨지게 되었다. 프로이트는 이렇게 성에 대한 상반된 의견이 팽배한 문화적 상황에서 성장하였다. 그래서 성에 대한 억압적인 관념들이 프로이트 사상의 중심으로 떠오르게 되었다.[12]

이 글은 프로이트가 활동했던 당시 시대가 여성에 대한 편견의식과 남성우월성이 지배적이며, 이로 인한 성의 개념의 혼란 속에 있는 사회임을 설명해 주고 있다. 이러한 남성중심적인 사회와 여성을 비하하는 사회 속에서 성장한 프로이트는 남성과 여성에 대한 편파적인 관념이 많다. 그는 남성들이 문명의 발전에 관심을 가지고 있는 상황에서, 남성들은 자연히 자신들이 가진 리비도의 승화를 문명 개발에 투자하였고, 문명의 발달은 남성들의 몫이 되었다고 보는 반면, 여성들은 이러한 리비도의 승화가 없는 존재로 여겼으며 가정과 성적생활에 관심이 많다고 하였다.

남성의 이러한 승화 작업은 남성으로 하여금 여성과 성생활에 대해 후퇴하도록 조성하였고, 남성들로 하여금 남편과 아버지의 역할을 소홀하게 만들었기에 여성들은 이러한 문명의 개발에 대하여 적의적인 태도를 가지고 있다고 보았다.[13] 과연 그러한가? 정말 이러한 문명의 개발에 있는 남성들이 여성과 성생활로부터 멀어져 있는가? 프로이트가 가지는 성에 대한 전반적인 이해가 바로 가부장적 사회의 분위기에서 남성의 문명 개척론을 운운하고, 여성을 문명의 뒷전에 있는 이방인으로 여기고, 여성의 속성을 성적인 것으로 보는 그의 시각은 위에서 언급한 가부장적 사회에서 파생된 것이며, 이러한 생각과 문화가 얼마나 빈번하게 남성의 성 문제나 외도에 대하여 관대한 태도와 당연하다는 영향을 주었는지 짐작할 수 있다.

프로이트가 말하는 성적인 사랑이 모든 행복의 원형과 중심이라는 사상은 남성 권위적 사회가 남성의 성의 남용과 오용에 대한 면죄부를 마련한 이론적 틀이 되었다. 여기에 대한 하나의 증거로 남성중심 사회 속에서 남성의 성 편향을 사회문제로 규정하기보다는 하나의 음욕으로 여기는 것은 그만큼 우리가 남성의 성문화에 대하여 관대하게 생각하고 있다는 증거이다.[14] 즉, 남성의 성과 외도를 사회적 문제로 취급하기보다는 단순히 음욕의 차원으로 표현하는 것은 남성의 성문제를 미화시키는 것이고, 바로 이러한 미화적인 작업이 가부장적인 남성 권위적 사회가 남성들에게 마련한 면죄부와 같은 성에 대한 의식이다.

남성에게는 단순히 음욕이 되고, 또한 일탈과 외도의 문제가 되어도 남자이니까 발생할 수 있는 일로 간주해 버리고, 사회가 그것을 용납하는 분위기로 형성되고, 여성에 대해서는 있을 수 없는 일로 여긴다면 이것은 힘을 가진 남성적 사회가 편파적인 힘으로 규정한 성의 관념이다. 이러한 면에서 프로이트의 이론은 폐쇄적 가부장적 사회에서 남성의 성에 대한 관대한 이해와 가부장적 입장에서의 편견이 비정상적인 남성의 성 윤리를 합리화시킨 근원을 보여주는 것이다. 그리고 이러한 남성중심적인 성에 대한 관념 및 이해는 중년기 부부들의 문제들을 대화를 통한 길로 모색해 주기보다는, 성의 집착과 합리화를 통해서 문제로부터의 도피를 찾으려는 성향으로 이끌게 된다.[15]

성을 인간 사회에서 빼놓고 이야기할 수는 없다. 특별히 중년기 부부의 대다수 문제의 핵심에는 부부관계를 형성하는 '성'에 대한 문제가 있다. 인간은 성이 중심이 되는 몸과 정신을 가지고 있다. 다시 말해 사람은 몸을 가지고 있고, 육체의 본능을 넘어 추구하는 상징적 자기(symbolic self)가 있어 이 둘 영역 사이에는 늘 긴장을 갖게 된다.[16] 상징적 자기는 몸의 성적 욕구에 균형을 이루도록 하여 초월성을 추구하는 것이고, 몸은 상징적 자기가 이상적으로 추구하려는 비현실성이 아닌 현실을 보게 하는 것이다. 인간은 성적인 것을 추구하는 동물적인 본능도 있지만, 이 동물적 본능을 넘어서려는 초월적인 영역이 있어 이 두 가지 사이에 긴장을 통한 균형을 이루려고 한다. 부부 문제는 이 둘 사이의 균형을 이루지 못한 한쪽만의 성향 때문이다.

40대 부부였던 D는 부인과의 잠자리에 대한 불만을 털어놓았다. 사실 그는 성직자였는데 한창 왕성한 몸의 반응을 성직 때문에 제어했어야 했다. 그러나 절제를 한다 해도, 그도 시간과 정서적 여유, 때로는 불안이 엄습할 때 부부관계를 통해서 자신을 표현하고 싶어 했다. 당시 어떤 이유에서인지 이 부부는 잠자리는 같이하지만 오랫동안 관계를 하지 않은 소원한 관계에 있었다. 어느 날 부부관계가 생각이 나서 잠자리에 누워 슬며시 부인의 손을 잡는 순간 부인이 남편을 향해 소리를 질렀다. "마귀야, 물러가라!" 화들짝 놀란 남편은 움츠러들어 자기 자리로 돌아왔고, 씁쓸하고 황량한 마음을 표현했다. 몸의 반응을 멸시하고 상징적 자기에 너무 집착한 결과라 생각하고, 동시에 이런 관계는 어린 시절 원가족에서 가진 정서적 환경에 대한 것을 서로가 이야기함으로써 문제를 풀어갈 수 있는 길은 있을 것이다. 몸과 상징적 자기 욕구에서 한쪽을 일방적으로 무시하고 살아가는 것은 어쩌면 곡해된 인간으로 살아가는 것과 같고, 내면세계에서 이 두 영역의 균형 상실은 부부와 가족관계를 더 소원화시키는 것이다.

앞 장에서 예를 든 것과 같이, 개인의 상징적 자기가 형성되지 않는 가운데 성으로서 자신의 몸을 느끼게 되면 걷잡을 수 없는 균형상실로 어려운 세월을 살게 된다. 이제는 이 세상에 없는 사람이지만, F는 중학교 시절 수재였다. 또래에 비해 키도 훨씬 컸고, 몸의 성장이 빨랐기 때문에 친구들의 부러움을 독차지했다. 또래보다 행동이나 말에서 조숙했던 F가 20대 유흥가의 여성과 사랑에 빠졌다. 필자는 거의 마지막 부분에서 남녀가 왜 이렇게 합리적이지 않은 사랑에 빠지게 되는가에 대한 이유를 구체적으로 언급하겠지만, 이 경우도 학생으로 넘을 수 없는 경계선을 넘고, 또 거기에 빠지는 가장 큰 이유는 원가족에서의 부모의 정서적 문제와 많은 연관성이 있다. 천재로서 살았지만 정서적인 영역, 한마디로 상징적 자기를 형성하는 정신적 바탕이 적어서 이 관계에 빠지게 되어 헤어나지 못하다가 20대 초반에 자살을 택했다.

성은 배제의 대상이나 탐닉하여 빠지는 대상이 아니라 우리 몸의 구성이고 표현이라는 점에서 우리 생활 속에 늘 함께해야 하는 몸의 표현이기 때문에 특별히 중년에게 상징적 자기와 몸의 균형을 이루는 것은 절실하다.

가부장적 사회와 성

중년기와 일탈과 성의 문제를 다루면서 그것의 집착을 부추기는 중요한 요소는 사회 분위기가 가속화시키고 있다는 점이다. 특별히 가부장적이며 권위주의적인 사회 분위기에서 남성이라는 의식은 항상 여성에 대해 보이지 않는 지배적 이데올

로기를 가지고 있기 마련이다. 이러한 사회 분위기와 성과 일탈과 외도라는 중년기의 위기가 청소년기의 사춘기보다 사회적 문제가 될 수 있는 이유는, 중년기의 시기가 청소년기에 비해 정신적으로나 물질적으로 더 많은 여유를 가지고 있는 상황이며, 물질적인 여유로움과 동시에 각 가정과 단체에서 중요 결정권을 가지고 있는 인물이라는 점이다. 이러한 힘이 중년들로 하여금 일탈에 대하여 눈을 돌리게 한다. 이 면에서 일탈과 성에 관한 문제는 사회적 신분 상승의 변화를 가지는 사람들이 만나기 쉬운 함정이다.

신분적 상승이라는 힘은 적게는 청소년기에서 벗어나 사회의 중추적 기반이 된 중년기라는 자체만으로도 문제 가능성이 있으며, 넓은 범위에서는 일반적인 성공의 관념이다. 그래서 성적인 문제들은 전문직에 종사하는 사람일수록 많아지고 있으며, 수입이 적은 사람보다는 수입이 많은 사람들의 경우에 더 많이 나타나고 있어 이러한 현상은 거의 보편적으로 간주되고 있다.[17]

가부장적 사회에서 남성들이 성에 대하여 이야기할 때 가장 많이 연상하는 것은 성욕에 대한 것이며, 이 성욕이라는 것은 성적인 경험을 의미하는 것이다. 그러기에 가부장적 사고구조 속의 남성들은 성적인 행위와 성적인 표현에 대하여 관심을 가지고 있다. 이러한 행위들은 가부장적 사회에서 남성이라는 상에 대하여 스스로 생각할 때에 중요한 위치를 차지하고 있으며, 그 반대로 이러한 상을 갖지 못한 성적인 무능은 남성들에게 큰 위협을 가져다준다.[18]

> 대부분 우리 남자는 처음에 정서적이고 감정적인 친근한 관계에 대하여 생각하지 않는다. …… 오히려 남자는 생식기의 표현을 포함하는 성적인 행위에 대하여 더 관심을 가지고 있다. 결국 남자들은 이러한 경향으로 인해서 성이라는 것을 삶의 다른 분야에서 고립시키려고 하고 있다. 그러기에 남자들에게 처음에 성이라는 것은 모든 것들과 교제를 나눌 수 있는 사랑스러운 친근감이나 아름다움으로 여기지 않는다. 남자들에게 성이란 생식기와 연관되어 그저 발생하는 하나의 일에 불과하다.[19]

이러한 성에 대한 남성들이 가지는 경향들이 바로 가부장적 사회에서 권위와 복종과 맹종을 요구하는 사회적 현상에서 발생하는 왜곡된 남성의 성 관념이다. 이러한 가부장적 문화 속에서 정말 섹스라는 것은 남성들에게 어떠한 정서적 친근감 없이 상황에 따라 발생하는 하나의 일시적 만족이며, 사랑을 나눈다는 것을 정서적으로 생각하기보다는, 생식기에 집중시켜 생각하며 상대방의 정서적인 동요에 관계없이 순간적으로 발동하는 성 비즈니스만을 충족시키려는 의도이다. 이러한 면에서 남성의 성 관계는 성 자체 행위를 위한 것이고 여성은 관계성을 위주로 한다는 것이 보편적인 성에 대한 현실이다.[20]

　남성의 성행위는 성취성, 여성은 관계성이라는 것과 분명히 관계가 있다. 그러나 이러한 성향은 사회문화라는 환경이 남성상과 여성상을 어떻게 형성해 주었는가에 의해 또 서서히 변할 수가 있을 것이다. 필자는 남성성의 성취성이라는 것은 힘을 가진 자들이 할 수 있는 성향이라고 생각하는 것이 좋은 것 같고, 관계성이라는 것은 힘의 구조에서 생존하려는 사람들이 택한 또 하나의 방법일 수도 있겠다고 생각한다. 물론 심리학적으로 보면 성취성과 관계성은 인간을 형성하는 데 중요한 두 가지 축이다. 그리고 이 두 가지 축을 가능한 균형을 가지려고 하는 사람들이 정서적으로 건강한 삶을 살 수 있다고 생각한다. 관계성은 잘하는데 자신의 성취성이 없어 힘들어하는 중년 여성들이 도처에 많이 있다. 남편과 자녀들의 뒷바라지를 해서 어느 정도 사회에서 역할을 할 수 있게 만들었지만, 중년이 되어 남편은 일로 무심한 것 같고, 아이들은 입시로 접어들면서 자신과의 거리감을 두고, 더 크면 대학을 간다고 집을 떠나거나 많은 시간을 대학 생활로 보낼 때, 부인들은 정말 빈둥지 현상에 시달리게 된다. 남편과 자녀들은 중년의 어느 시점을 떠난 것 같고, 나는 없는 것과 같다. 그래서 우리나라의 경우에는 중년 여성들이 이 공허감과 무력감을 극복하기 위해 대학에 다시 들어간다든가, 아니면 자기계발을 할 수 있는 일들을 적극적으로 찾아나서는 것을 도처에서 볼 수 있다.

힘을 가진 사람은 남녀불문하고 성취성에 집착할 수 있다는 것은 미국 기자인 게일 쉬이가 뉴욕 중심으로 살아가는 여성들과의 인터뷰 내용에서도 관찰이 된다.

오늘날의 중년 여성들이 어린 시절에 착한 아이가 되어야 한다는 이야기를 들으며 성장하였지만, 이들이 가장 비밀스럽게 간직하고 있는 것은 욕정에 대하여 자신을 열어 놓는 것일 거라고 보인다. 열정은 허릿살이 두꺼워진 중년에게도 무엇이든 가능하게 만든다. 그뿐만 아니라 흔히 남성들이 그렇듯이 여성들도 열정을 추구하게 되었다. 나의 조사에 응답한 *New Women* 잡지의 정기구독 회원들은 자신들이 나이가 들어갈수록 성적으로 대담해진다는 면에 대해서 솔직하고 열린 마음을 가지고 있었다. 조사에 응한 50세 이상의 기혼 여성과 독신을 포함한 과반수는 젊은 애인이 있다는 사실을 인정했다. 그리고 이 과반수의 1/4이 자신보다 20년 이상 젊은 남자들과 성관계를 나누고 있다고 대답했다. 면담을 통해 어떤 여성은 자신의 남편이 성관계에 대하여 더 이상 관심이 없다고 했다. 실제로 10명 중 4명이 혼외정사의 경험을 하고 있으며, 이것은 기혼 젊은 여성들을 대상으로 한 근래의 조사에 나타난 비율보다 훨씬 높은 심각한 비율이다. 이처럼 중년 여성들의 혼외정사가 빈번해진 이유는 대부분 남편의 성적 무력 때문으로 나타났다.[21]

다시 남성성에 대한 이야기로 돌아가자. 남성을 연구한 맥그릴은 남성의 친근성과 성의 경향에 대한 조사도 같은 맥락에서 남성의 성의 관념에 대하여 지적하고 있다. 이 보고서에 따르면 남성이 그 어느 누구를 사랑한다는 의미에는 반드시 성관계가 포함되어 있다는 결론을 내렸다. 그래서 남성들에게 성을 떠나서 사랑을 생각하는 것이 어렵다.[22] 이러한 맥락에서 여성들이 보편적으로 자신들의 여성성의 근거를 내재적이고 신비로움으로 느끼는 반면, 남성들은 본질적으로 자신의 내부가 아닌 외부에서 신비로움을 탐험하고 경험하려고 한다.[23] 이러한 경향은 남성과 여성이 생각하는 신앙에 대한 차이성을 가지게 한다. 중세 가부장적인 사회에서 남성들이 영성과 이성을 가진 것에 반하여, 여성은 육체와 물질을 가진 것으로 분류했다. 남성이 소유한 영성과 이성은 선하고 중요하며, 여성이 가진 육체와 물질은 하찮은 것으로 본 것이다. 물론 이것은 남성을 우위에 놓고 보는 이데올로기적 시각이다.

> 개인적으로 나의 삶의 대부분에 있어서 남성의 영성(male spirituality)을 찾을 때, 나는 그 진실이 나의 내부 안에 있다는 사실보다는 자동적으로 나의 밖에서 찾으려 하였다. ……
> 나의 바람은 그 진실을 손아귀에 넣고, 그것을 이해하고 분석하며, 가능하다면 그것을 조정하고 소유하는 것이었다.
> 그래서 신에 대한 연구도 같은 맥락에 있었다. 그 신을 나의 내부에 있는 내재성으로 여기기보다는 나의 외부에 있는 초월성으로 여겼다.[24]

G는 지방에 사는 전문직에 종사하는 중년 남성으로 필자와 상담을 했다. 그는 여러 가지 이유에서 상담을 했는데, 가장 큰 문제는 부인과의 문제였다. 한정된 시간이기 때문에 성장과정에 얽힌 이야기를 들을 수는 없었다. 그렇지만 필자가 그에게 지금까지 이상형으로 삼고 살아가는 인생 모델이 누구인가라고 물어보았을 때, 그는 거침없이 계백장군이라고 하였다. 뜻밖의 말에 내심 놀랐다. 계백장군이라고? 그래서 계백장군을 삶의 모델로 삼은 이유에 대하여 물어보았을 때 황산벌 전투를 언급했다. 신라와의 최후의 격전을 치르기 전 패배를 예견한 계백은 처자식을 적의 칼에 죽게 할 수가 없어서 자

신의 손으로 죽인 후 출전을 한다. 자신도 그렇게 살고 싶다는 것이다. 전형적인 가부장적 남자였다. 자신은 영원한 전사로 남고 싶어서 자신의 가족을 자신의 손으로 죽이는 것이 왜 어떻게 삶의 모델이 될 수 있을까? 이것은 그 내담자가 집안의 모든 일과 심지어 아내와 자녀까지 내 손안에 있다는 극단적 남성 사고중심을 가지고 있는 사람이었다. 자신의 목적과 일을 위해 아내와 자녀를 마음대로 할 수 있다는 극단적 이기주의이고, 자신의 소유물로 생각하는 위험한 사고구조를 가진 인물이었다. 그의 가정에 대한 이야기를 들어 볼 수 있는 기회는 없었지만 상상만으로 얼마나 위태로운 중년기와 가족관계를 형성하고 있는지를 짐작할 수 있었다.

가부장적 남성권위주의 문화에서 생성된 성에 대한 편견으로 여성은 늘 그 피해의식에서 벗어나기가 어려운 반면, 남성들은 가부장적 사회에서 남성 편의로 왜곡된 성문화를 양심에 거리낌 없이 쉽게 인습된 고정관념으로 당연하게 여기며 살았다. 그래서 가부장적 독재문화가 우리 개인들의 의식에 영향을 주고, 중년기의 위기를 더욱 부채질하는 격이 된다.

남성의 성적인 폭력문제에 대하여 심도 있게 해석을 한 상담학자 제임스 폴링(James Poling)은 성적 학대 및 폭력을 행사하는 남성들의 특징 중 하나로 자기애성적 장애(narcissistic disorder)를 언급하고, 이는 자신과 타인에 대한 평가를 하는 데 문제를 일으키게 한다고 보았다.[25] 즉, 이들은 승화되지 못하고 교육되지 않은 과다한 자기중심적 쾌락 본능으로 인해 자신과 타인에 대한 균형을 파괴하는 사람들이다. 인류학자 페기 샌데이(Peggy R. Sanday)의 조사에 의하면 남성의 성적인 경향이 사회적 요인에 의하여 변화될 수 있음을 말하고 있다. 차분하고 온화하며 정서적인 면을 강조하는 문화는 남성을 지배적이고 거칠게 여기는 문화에 비해서 남성들의 성적인 폭력과 문제 발생이 적다는 결과가 나왔다.[26] 권위적이고, 거칠고, 폭력적인 면을 남성의 상으로 여기는 가부장적인 사회보다는 남성의 경향을 정서와 돌봄으로 여기는 문화에서 성에 대한 범죄율이 크게 낮은 것으로 조사되었다.[27] 사회의 잘못된 구조는 그 사회에 속한 개인들에게 성과 연관된 문제들이 심각하게 발생한다는 것이다.[28]

사회심리학자 조지 미드(George H. Mead)는 사회심리학이란 거대한 사회적 흐름의 영향들이 어떻게 한 개인에게 흐르고 있는지에 대하여 연구하는 것이라고 하였다.[29] 개인의 행동에 대한 이해는 그 개인이 소속되어 있는 사회 집단의 행위에 의해서만 이해가 될 수 있는 것이다. 왜냐하면 개인의 행위는 그 개인을 뛰어넘어 있고 그 사회 집단의 다른 구성원들의 사회적 행위에 들어가기 때문이다. 우리는 분리된 개인의 행위에 의하여 사회 집단의 행위를 만들지 않는다. 오히려 우리는 이미 있는 복잡한 사회 집단에서 시작을 하고, 이 사회 집단에 의해 영향을 받는 분리된 개인들의 행동을 분석하는 것이다.[30] 이 같은 맥락에서 중년기의 일탈 및 성의 문제를 우리 사회가 자주 접하는 것은 이미 이 사회에 뿌리내려 있는 남성들이 스스로 갖는 성에 대한 관대한 의식과 이러한 사회적 풍조가 남성들이 무책임하게 행동하도록 유도하는 망이 되고 있는 현실적인 이유가 있기 때문이다.

남성의 성 문화와 상처

작가 존 그레이(John Gray)는 그의 저서 화성에서 온 남자, 금성에서 온 여자(Men From Mars, Women From Venus)에서 남성들과 여성들이 가지는 특성에 대해 언급을 하면서 남성들의 보편적인 성향 몇 가지를 지적한다. 첫째로 남성들은 힘, 자신감, 성취감 등을 자신의 가치로 여긴다. 둘째로 힘과 기술을 키우고 개발시키는데 그 이유는 자신을 증명하기 위한 것이며, 남성은 이러한 성취를 통해서 자신의 정체성을 가진다. 셋째는 성공과 성취를 통해서 인생의 완성이라는 것을 경험한다. 넷째는 이러한 경향들로 인해 남성들이 좋아하는 것은 성취와 힘과 기술이 대표되는 사냥, 낚시, 스포츠, 자동차 경주를 좋아하는 반면, 자신을 정서적으로나 심리적으로 발전시킬 수 있는 것들에 대하여는 무관심하다. 다섯째는 자신의 목적을 성취하는데 있어서 남의 도움을 받아 성취하는 것이 아니라, 자신의 힘으로 이루어야 한다고 생각하기 때문에 전문가의 도움을 받아야 할 긴박한 상황을 제외하고는, 심지어 부인에게까지 의뢰하지 않는다. 그리고 여섯째는 이러한 경향으로 인해 남자들은 누구로부터 자문의 요청이 있을 때 자신을 매우 가치 있는 사람으로 여기는데, 이는 자신이 문제의 해결사라고 생각하기 때문이다. 일곱째는 그러므로 남성들은 유니폼을 입고 권력과 힘을 나타내는 직업들을 선호하는데, 이를테면 경찰, 군인, 비즈니스맨, 법조인, 과학자 등이 있다.[31] 반면에 여성들은 남성들과 다른 가치관을 가진다. 즉, 사랑, 대화, 미, 관계성을 가치 있게 여기며, 자신의 정체성을 관계성과 느낌을 통하여 정의하고, 그 관계성을 남성이 중요시하는 일이나 기술보다 더 중요한 것으로 간주한다.[32]

　이러한 남성의 심리에 대한 보편적인 생각에 대해 여성주의 심리학자 캐롤 길리건(Carol Gilligan)은 남성에게 있어서 '나'라는 것은 분리의 경험을 통해 정의된다고 하였다. 다시 말해 남성들의 경향이 대부분 성취와 도전 등으로써 자신의 정체성을 정의하기 때문에 결국은 이것으로 인한 분리와 힘으로 자신을 정의하기에 남성의 사회적 경향은 '위치적'이고, 여성은 사람중심/관계중심이라고 언급하였다.[33] 그녀는 여아와 남아의 차이에 대하여 다음과 같이 말하고 있다.

> 여자아이들은 자신의 자아를 정의하는 데 있어서 공감을 가장 주된 기초로 삼는 반면 남아들은 다르다. 여아들은 다른 사람들의 필요나 감정을 자신의 것으로 경험하는 강한 기초를 가지고 있다. 대조적으로 남아는 엄격한 자아의 경계선과 차이성을 가지고, 남과 더 분리되고 구별함으로써 자신들을 정의하게 된다. 근본적인 여성성은 세상과 연관되어 있지만 남성성은 분리이다. ……그래서 남성성의 성격은 자신을 더욱 관계와 접촉을 부인하는 것으로 정의하는 반면, 여성성의 자아는 관계성으로 근본적인 정의를 한다.[34]

'공감'의 어원적 의미는 '남의 신을 신고 걸어 본다'이다. 이것을 하려면 자신의 신을 벗고 신어야 하는 어쩌면 정신적이며 현실적인 희생이 있어야 남의 입장을 이해할 수 있는 것이기에 대부분의 여성들은 태생적으로 관계성을 익히고, 성장하면서 이런 것을 익숙하게 받아들인다.

여성은 돌봄이나 책임과 양육이라는 관계성을 통해서 자신을 평가하나, 남성중심의 사회 속에서 여성이 가지는 이러한 '관계성'은 남성이 강조하는 '성취성'으로 인해 희석되어 간다.[35] 여성심리학자 줄리아 우드(Julia Wood)도 같은 맥락에서 남성은 개인화와 분리가 그 특징이기에 타인이 가진 감정, 경험, 그리고 충고 등을 수용하기를 싫어하며 이러한 추세는 곧 남성들에게 분쟁으로 이어진다고 보았다.[36]

분리와 투쟁이 강한 가부장적 사회에서 발생하는 몇 가지 공통적인 사항들이 있다. 바로 성문제와 폭행이라는 것이다. 미리안 미데지언(Myrian Midezian)의 조사에 의하면 미국 범죄 중에 89%가 남성들에 의해 행해지고 있으며, 매해 1,800만 명의 여성들이 남성들로 인하여 성적 · 신체적 피해를 입는다.[37] 그러므로 분리와 성취를 삶의 성공과 정체성으로 연관시키는 가부장적인 남성 문화는 경쟁과 성공이라는 이면에, 우리 사회와 가정에 깊은 상처들을 남기고 있는 것이 현실이다.

수잔 포워드(Susan Forward)와 조엔 토레스(Joan Torress)는 남성들이 여성들을 대하는 태도에 대하여 다음과 같이 언급한다. 남성들은 사랑하는 연인에게조차 아픈 상처를 입히는데, 가령

이들 앞에서 고함을 치거나, 문제가 생기면 분노의 침묵 속에 빠져 험악한 분위기를 조성하고, 타인들 앞에서 여성을 비하시키며 또 성, 사랑, 그리고 물질을 가지고 여성을 조종하는 대가로 사용한다고 하였다.[38]

맥그릴(McGrill)의 보고서는 737명의 남성과 646명의 여성을 대상으로 연구한 것인데, 이 보고서에 의하면 남성들에 대한 여성들의 상처와 불만을 기록하고 있다. 보고서는 첫째로 대부분의 부인들은 근본적으로 이방인과도 같은 남편과 살고 있다는 것이다. 이방인이란 남편들이 자신들의 사랑과 감정을 배우자에게조차 내놓으려 하지 않고, 말을 하여도 자신을 완전히 나타내지 않으므로 그들의 감정과 의중을 알 수 없고 자연히 이들은 마치 타인과도 같은 남편과 기거하고 있다는 것이다. 둘째로는 그러기에 부인들은 남편이라는 남자에 대하여 알 수가 없다는 것이다. 그리고 마지막으로는 평균치의 남자들은 가정중심의 남자가 아니라 '유령 같은 남자'라고 하였다. 유령 같은 남자란 이들이 비록 몸은 가족들과 함께 있으나, 정신과 생각은 가정과 함께 있지 않기에 마치 없는 것처럼 느껴진다는 말이다.

남성인 아버지들이 자녀와 대화를 하는 것도 여성인 어머니와는 다르다. 딸들에게는 자신을 실제적으로 말하기보다는 공상과 상상에 기초하여 말을 하고, 아들에게는 자신의 있는 그대로보다 특유의 기질인 무엇인가를 할 수 있다는 것을 증명해 보이려고 한다.[39] 공상과 상상에 기초한다는 것이나 할 수있는 무엇인가를 증명하려는 것은 바로 남성들이 자신의 정체성을 증명하는 데 있어서 성공이나 성취가 중요하다는 것을 뜻한다. 그러나 가족들이 원하는 것은 이러한 증명도 아니요, 공상과 상상에 기초하여 현실을 떠난 그 어떤 것도 아닌, 다만 서로의 생각과 감정에 공감하며 대화하기를 원한다는 것을 남자는 모르고 있는 것이다. 릴리안 루빈(Lillian Rubin)은 이러한 면에서 여성들이 느끼는 사랑의 감정이라는 것은 자신의 생각과 감정을 함께 나눈다는 의미인 반면, 남성들은 집안에 같이 있는 것만으로도 친근감으로 정의하는 차이가 있다는 것이다.[40]

남성들이 가정에 있을 때 흔히 의자에 앉아 신문을 보거나 TV를 시청하면서 자신이 가족들과 함께 있다는 것으로 생각하기가 쉽다. 그러나 자녀들과 부인이 원하는 것은 이러한 것이 아니라 서로 얼굴을 보며 이야기하는 시간이다. 큰 것으로 승부를 보고, 큰 것으로 자신의 존재감을 나타내려는 남성과 다르게, 여성은 관계성을 나타내는 남성에게 자신을 공개한다. 자신의 감정과 생각을 나눔 없이 그저 집안에 있다는 것을 친근함으로 간주하는 것은 남자들이 자주 이방인으로 전락하는 결과를 불러오게 된다. 즉, 집안의 구성원임에도 불구하고 자신 스스로 집안에서 대화의 통로를 가지지 못하는 이방인이 된다.

또 다른 조사에서는 아들은 은연중에 아버지에게서 힘, 성취, 완성 등을 남성들의 특징으로 배우기 때문에 이 자녀들이 성장한 이후에는 타인과의 관계에서 매우 조심하거나 불신을 갖게 된다는 것이다. 결국 이러한 직간접적인 배움을 통해서 남성들은 경쟁의식을 항상 가지고 있고, 어떠한 계획에 참가하더라도 사람들에게 친근감을 갖기 어렵게 됨은 모두를 경쟁 대상으로 여기는 교육의 결과이다. 이러한 추세의 성장을 통해서 남성들은 소유에 대한 개념이 강해진 반면, 가깝게 지낸다는 친근감을 느끼기가 어렵다는 것이다.

부정적인 남성성을 가지는 요인에 대한 더 구체적인 사무엘 오셔슨(Samuel Osherson)의 조사를 살펴보면 위에서 언급한 내용들을 이해하는 데 상세한 정보를 제공하여 준다. 그는 370명의 남자들에 대하여 장기적인 조사를 한 후 그의 책 우리의 아버지들 알기 : 남성의 끝나지 않은 비즈니스를 통해 그 결과를 밝혔다.[41] 주된 내용은 남자아이들은 자기들 안에 '상처받은 아버지(wounded father)'의 실체를 가지고 성장한다는 것이다. 상처받은 아버지의 모습을 가지고 성장한다는 말은 어떠한 의미인가? 부모의 잘못된 행위와 가치가 자녀들에게 전수가 되고 그 자녀가 성인이 된 후 자신의 부모의 잘못된 행위와 가치를 또 다시 자녀에게 되풀이한다는 것이다. 부모가 가장 긴밀한 관계임에도 불구하고, 준비되지 않은 부모는 가장 큰 상처를 줄 수 있는 것이다.

심리학자 잭 스턴백(Jack Sternback)의 통계에 따르면 23%의 자녀들이 실제적으로 아버지의 부재 속에 성장하고, 29%의 자녀들이 아버지가 있으나 아버지와의 정신적 부재 속에 산다는 것이다. 즉, 부모와 자녀 간의 충분한 대화와 적절한 관계 형성이 없어 마치 아버지가 없는 것과 같은 정신적 부재에 있다는 것이다. 또 18%의 자녀들은 엄격한 아버지로 인해 같은 정신적 부재를 경험하고 있으며, 15%의 자녀들이 정상적으로 아버지와의 관계 속에서 산다.[42] 아버지가 보여준 분리, 거부, 거침이나 또는 정신적 부재 현상들이 갈등을 일으키는 남성성을 형성시키고 성장시키는 요소가 되는 것이다. 이러한 환경에서 학습된 부정적인 교육들은 자녀들이 성장하면서 치료되지 않은 이상 상처받은 아버지의 모습 그대로를 가지고 성인이 되어 결혼도 하고 인간관계도 맺게 된다. 이 반복되는 상황들은 자녀들이 성인이 되어서도 자신들이 상처 입은 것들로 인해 대인관계에서 상처를 쉽게 입고, 의존적이거나 공허감 속에 빠지며, 아버지가 자신에게 보인 역기능적인 행위를 세대에 걸쳐 반복한다는 것이다. 이상의 이론과 사례 분석들이 서구 사회의 여건에서 조사된 것이지만 힘과 완력과 명령을 중시하는 가부장적 사회에서는 공통적으로 체험될 수 있는 일들이다. 결국 이러한 가부장적인 완력과 설득력 없는 명령 등은 자녀들에게 자신이 버림받고 있거나 고립되어 관심을 받지 못하는 아이라는 인식을 갖게 한다.

고립과 무관심의 영향에 대하여 원숭이를 대상으로 한 실험이 있었다. 분리와 포기 및 배반을 경험한 원숭이들이 자신들의 집단이나 타 집단에서 생활하면서 세 가지 현상을 보였다. 첫째는 고립이다. 어울리기 어려워 사회 생활에 융화되지 못한다는 것이다. 둘째는 폭력성이 심하게 나타났다. 이 말은 우리가 앞서 언급한 바와 같이 역기능적 부모 모델이 자녀들을 역기능적으로 성장하게 만들고, 인간애의 상징들을 파괴시킨다는 의미와 같은 것이다. 어린 시절에는 힘이 없으므로 수용할 수밖에 없으나 성장한 후에는 그것이 폭력성으로 나타나기 쉽다는 것이다. 그리고 셋째는 자해 및 자살 행위였다.[43]

사람을 대상으로 한 실험에서는 물론 원숭이들과 같이 격리 수용한 실험은 아니지만, 성인의 행위들이 어떻게 어린아이들에게 영향을 줄 수 있는지를 간접적으로 볼 수 있는 실험이다. 1960년대 행해진 이 실험은 유치원 아이들을 대상으로 한 실험이다. 실험 전에 아이들의 성격과 공격성(aggression) 정도를 측정한 후에, 아이들을 세 그룹으로 분류하여 첫째 그룹에게는 어른들이 장난감 인형을 폭력적으로 대하는 광경을 보여주었고, 둘째 그룹에게는 같은 장면을 TV를 통해 보여주었고, 그리고 나머지 셋째 그룹에게는 고양이 복장을 한 사람이 인형에게 폭력을 행사하는 광경을 보여주었다. 그리고 아이들을 실험한 장소로 다시 데리고 와서 이 아이들이 인형에게 어떠한 반응을 보이는지를 관찰하였다. 결과는 TV를 본 아이들과 직접 폭력을 행사한 것을 본 아이들이 같은 방법으로 인형을 발로 차고, 내던지며, 주먹으로 때리고, 목을 조르는 행동을 하였고, 고양이 복장을 본 그룹에서는 이러한 현상이 적게 나타났다.[44] 이것은 아이들이 성인의 행동으로부터 얼마나 많은 영향을 받는가를 말해 주는 한 실험 결과이다. 가장 밀접한 관계성을 유지하고 있는 가정 공동체에서 부모가 보여주는 언행들이 자녀들에게 직결되어 미치는 영향은 이렇듯 절대적이다.

상담을 나눈 한 아버지의 고백은 이러한 사실을 뒷받침해 준다. 중학생 자녀를 둔 이 아버지는 엄격한 아버지 밑에서 성장을 하였다. 권위를 내세우는 아버지는 이 권위를 지키기 위해서 부인이나 자녀들의 그 어떤 부탁도 '안 돼'라는 말을 우선적으로 했다. 그 요청이 합리적이든 아니든 그의 아버지는 이런 부정적인 대답으로써 자신의 권위를 나타냈다. 자연히 사춘기가 되면서 아버지와의 대화는 더욱 멀어져 두 관계는 소원해졌다. 아버지의 '안 돼'라는 권위적인 태도와 말을 그토록 싫어했지만, 그렇게 싫은 아버지의 행위와 말을 자신이 부모가 되어서 자녀에게 되풀이하고 있었다. 자신이 자녀들에게 자신의 아버지와 똑같이 권위를 나타내기 위해서 자녀가 무슨 부탁을 하든지 첫 마디는 '안 돼'라는 말을 우선적으로 말하는 것이다. 이러한 자세가 바로 그토록 미워했던 자신의 아버지로부터 전수된 사실을 알고 본인도 섬뜩 놀랐다. 그리고 자신의 습관적인 행동과 말투를 고치려고 노력하며 자녀에게 접근했지만 사춘기에 들어선 아들은 벌써 정신적으로 자신과 멀어져 있었다.

신뢰와 사랑을 개인에게 공급할 수 있는 조직체는 작게는 가정이고 크게는 사회문화적 환경이다. 사회심리학자 미드가 말한 것과 같이 많은 구성원들이 이루는 거대한 문화의 힘은 언제든지 한 개인에게 압도적인 힘을 가하므로 자연스레 우리는 그러한 사회 분위기에 익숙해지는 것이다. 이러한 관계에서 거대한 공동체의 문화가 개인에게 희망과 사랑을 제공하는 상호직용 속에 있지 않으면 개인의 미래는 위기 속에 놓이게 되고, 이 위기 안에서 개인은 불안해하고 좌절을 경험하는 것이다. 그리고 인간애를 부정하게 되고, 인간애를 형성하고 있는 모든 상징들을 파괴하기 시작한다.[45] 이는 그 공동체 안에서 희망을 발견하지 못했기 때문이다.

심리적 불균형은 정신적으로 불안과 걱정을 초래하게 되고, 이면에는 이 불안에 대한 회복을 갈구하는 면이 있다.[46] 자신의 행위에 대하여 때때로 이해할 수 없는 부분으로 인해 번민을 한다. 가부장적 권위주의로 인습된 남성에 대한 고정적인 관념들이 남성들을 전쟁터에서 피투성이가 된 채 홀로 싸우는 외로운 전사(lonely warrior)와 같이 사회생활을 하고, 바른 관계성에서 서로를 사랑하지 못하는 좌절하는 연인(desperate lovers)으로 만들기에 이 사회에서 보이는 파행적인 남성들의 모습은 진실된 자기가 아닌 거짓된 자아(false self)를 형성하게 된다.

워싱턴포스트 칼럼니스트 리처드 코헨(Richard Cohen)은 "우리는 친구가 없는데 그 이유는 우리가 남자이기 때문이다."라고 표현하였다. "남자는 왜 달려야 하는지도 모르고 계속 달린다."라는 남자에 대한 심리적 공황과 불안에 대한 묘사를 적절하게 하였다. 경쟁적인 구조 속에서 생활하다 보니 자신들이 마치 세상에서 전투하는 전사로 있지만, 그 내면에서는 수없는 갈등이 발생하고, 이 갈등으로 인해 정신적인 폐허 속에 외롭게 지낸다는 것이다. 때로는 자신조차도 이해하기 어려운 '나'로 인하여 폭력과 상처 속에 거하는 것이다. 그리고 이 좌절과 자처한 외로움의 탈출구를 찾는다.

남성들이 사회에서 보이는 이러한 역기능적인 이유에 대해 스테판 보이드(Stephen Boyd)가 지적하는 몇 가지 내용을 보면, 사회가 남성에 대한 기대치에 문제가 있다는 것이다. 남성은 육체적으로나 정신적으로나 강해야 하고, 지적이고, 성공(경제력)을 해야 하며, 매력적(성적)이어야 한다는 것이다. 남성에 대한 이러한 기대치는 남성들에게 심리적인 중압감을 가져다주며[47], 이 기대치로 인해 남성들은 가부장적인 사회에서 여성성의 특징인 돌봄과 사랑이 나타나게 되면 조소와 수치 등 심한 경우에는 매도 맞는 경우가 있다. 현대판으로 한국 사회에 비교하면 여성들이 남성들에게 기대하는 것이 너무 많은 것 같아 조금은 걱정이 된다. 만능 슈퍼맨을 요구하고 있다. 경제력이 있는 것은 기본이고, 근육질 몸매여야 하며 자녀들과 함께 놀아주는 다정한 아버지에, 이제는 요리 프로그램에 '요섹남'이라는 용어가 생길 정도로 요리를 잘하는 남자를 요구하며 또다시 남성들에게 심리적 압박을 더하고 있다. 필자의 생각으로는 언급한 것 중에 1~2개만 잘해도 좋고, 능력 있는 남자일 것 같은데 말이다.

우리나라에도 남자들에 대한 고정관념이 많다. 남자는 용감해야 하며, 평생에 세 번 정도만 울고, 말을 많이 하면 안 되고, 자제력과 인내력을 가진 사람이 되어야 한다는 말을 성장하면서 수백 번 듣는다. 이러한 남성에 대한 사회적 기준은 성장과정에서부터 남성들로 하여금 자신의 감정을 제대로 표현하지 못하도록 만들었으며, 이러한 제한들은 남성들이 오늘날 가정과 사회에서 문제를 일으키는 요인 중의 하나로 작용될 수가 있다. 가정에서 부부 간에 문제가 있을 때에도 말로써 또는 글로써 적절하게 표현하는 방법들을 배우지 못하였기에 문제가 있을 때마다 누적된 감정들이 어느 시점에서 분출하여 그 방법이 매우 폭력적으로 나타날 수 있다.[48] 물론 이런 조사는 현 남성들의 중년기 문제나 가해자인 남성들을 두둔하는 것이 아니다. 다만 사회적 구조는 모든 사람들을 이렇게 변질시킬 수 있다는 것이며, 중년기 남성의 성과 외도에 대한 문제도 이러한 맥락에서 볼 필요가 있다.

남성중심적인 사회 구조는 상대적으로 여성이나 힘없는 자들에 비해서 남성과 힘있는 자들에게 더 많은 불공정한 특권을 누리도록 구조화되어 있다. 이러한 남성들의 사고와 행위들은 실은 특권이기보다는 우리 사회의 균형을 파괴하는 행위이기 때문에, 이는 피해자들에게 유무형의 상처를 남길 뿐만 아니라, 당사자들인 남성들의 심리적 발달에도 상당한 불균형적인 피해를 남기고 있다. 그것이 앞서 살펴보았던 가정과 사회에서 나타나는 상처받은 남자들의 모습이다. 중년기에 발생하는 일탈과 성에 대한 문제들도 가부장적 사회에서 남성들에게 전수된 왜곡된 남성상을 비판적 사고 없이 인습한 결과일 것이다. 한마디로 중년기의 남성들이 새롭게 생각하여야 할 진정한 남성적인 중년기의 모델이 상실되어 있는 시대에 우리들은 살고 있는 것이다. 그리고 이러한 모델의 상실은 남성 내면심리의 악화된 골을 더욱 깊게 할 뿐이다. 이러한 면에서 제5장에서는 중년기에 맞이하는 위기에 대한 회복의 실마리를 찾기 위한 심리학적 이해를 살펴보려고 한다.

중년의 성, 몸, 그리고 죽음

"태어나는 것은 에덴동산에서 쫓겨나는 것이다." 그래서 아이들이 태어나면서 우는 가장 큰 이유는 전혀 다른 세계 적응에 대한 공포와 불안에서 비명을 지르는 것으로 심리학자 오토 랭크(Otto Rank)는 분석한다. 인간은 출생의 불안이 인생의 초기에 있고 살면서는 죽음의 불안이 우리를 항상 따르고 있다. 그래서 인간에게 중요한 주제는 죽음이고, 이 죽음과 연관된 노화, 성기력의 상실, 질병 등은 특별히 중년들에게 민감하게 영향을 준다.

우리의 대부분의 중년 초기의 생활, 그리고 장례나 질병에 대한 문제가 없을 때 죽음에 대한 주제는 가급적 우리로부터 멀리하려는 것이 사람들의 마음이다. 이 관점에서 심리학자 프로이트는 인간은 죽음이 마치 자기와 관계없는 것처럼 행동하는 것에 익숙하다고 했다. 그 이유는 죽음을 생각하는 고통이 너무 크기 때문에 이 무겁고 현실적이고 숙명적인 주제는 높은 '선반' 위에 전시해 놓고 가급적 그것에 가까이 가지 않으려 하고, 철저하게 관망자로 서 있는 것이다. 그래서 어떤 사람도 자신의 죽음을 믿지 않으려 하고, 사람의 무의식 속에 나는 죽음을 맞보지 않으리라는 '불사성(immortality)'의 욕구를 갖는다.[49]

나이 들어가는 것과 죽음에 대한 주제는 중년기부터 본격적으로 사람들에게 회자가 된다. 더구나 이 시기에는 중년의 부모나 가까운 친척 어른들이 깊은 병으로 고생을 하거나, 죽음을 맞이하게 된다. 중년이 되면 부모는 퇴직을 하고, 부모는 70대에 들어서거나, 이미 들어섰다. 퇴직, 질병 그리고 부모의 사망 그리고 경제적 문제들로 정신적 스트레스를 받는 시기다. 지인들의 부모 사망과 질병으로 인해 인생의 어느 시기보다 자주 장례식장과 병원을 방문하게 된다. 그리고는 멀게만 여겨졌던 '죽음'의 주제는 나에게 가까이 와 있고, 제3자의 이야기나 소설 같았던 주제는 나의 주제가 되어 가는 시기다. 부모의 장례식을 마치고 조금 정신을 차리고 생각해 보면, 생각하기 싫었던 나의 죽음 순번에 대해 생각하게 된다.

영국의 심리학자 엘리엇 자크는 310명에 이르는 예술가들의 삶을 재조명하면서 그들의 작품과 일대기를 조사를 하였는데, 중년기 위기와 죽음과는 깊은 연관성이 있다는 결론을 내렸다. 그가 조사한 대상에는 음악가 모차르트, 쇼팽, 미술가 라파엘, 극작가 셰익스피어, 작가 괴테 등이 포함되어 있다. 이 예술가들에게서 나타난 특이한 점은 37세(한국 나이 39세)에 자살 발생률이 지나치게 높게 나타났다는 것이고, 그의 추론은 이 시기에 예술가들이 심리적인 격동기를 맞이했다는 것을 알았다.

이 심리적인 격동기를 곧 죽음과 연관된 '중년의 위기'로 보았는데, 이 시기를 겪으면서 예술가들은 특이한 현상을 맞이하게 된다. 창의적인 작품이 단순히 무미건조해지고, 더 이상 작업이 되지 않거나 어떤 이들은 자살을 통해 생을 마감한다. 그러나 어떤 예술가는 죽음에 대한 과제를 승화시켜 더욱 더 창의적인 작품을 발표하는 등 작품의 내용이 중년 위기 전과 후가 확연하게 차이가 난다는 점이다. 중년 위기 전에는 작품 반면이 주로 '사랑'과 같은 현실적이고 감각적인 내용이었다면, 이 시기의 죽음 주제를 잘 승화시킨 사람은 작품 내용이 '자연', '사람', '영생', '가족'과 같은 이진에 관심을 두지 않았던 내면적인 주제가 주를 이루게 된다는 점이다.[50]

이와 같은 변화는 비단 예술가들에게만 발생하는 내용은 아니라고 생각한다. 미국에는 전문변호사가 매우 다양한데, 이혼 전문변호사들의 통계를 보아도 비슷한 결과가 있다. 대부분 젊은 이혼 변호사들은 고객들이 이혼을 신청하면 이것을 성사시키기 위해서 노력을 하지만, 50대 이상의 변호사들은 이혼이 우선이 아니라, 다시 결합할 수 있는 방향으로 상담을 하는 경우가 많다는 통계가 있다.

청소년기의 사춘기는 부모의 정신적 울타리로부터 자신의 세계를 세워 나가는 첫 번째 관문으로써의 고통의 기간이다. 그래서 이 시기에는 부모와 자녀 사이에 있는 가치관으로 인해 충돌이 다양하게 발생한다. 그리고 이것은 매우 자연스러운 과정이다. 만약 이러한 현상이 없어야 하고, 자녀는 부모의 말에 완전 순종이나 복종을 해야 한다고 하면, 이것은 부모가 가진 완벽으로 인한 불안을 겪고 있는 신경증적 증세이다. 그런데 이런 청소년기의 질풍노도의 시기가 중년기에 발생한다. 청소년기의 사춘기를 부모의 구조하에서 형성된 나와 자신이 부모를 떠나 주관적으로 자신을 보면서 자신의 세계를 만들어 가는 과정에서 마찰이 발생하는 시기라고 본다면, 중년기는 청소년기를 거쳐 청년기 시절에 자신이 만든 세계에 대하여 재정비하는 시기다. 그래서 중년기는 청소년기부터 시작하여 청년기에 몰입하여 자신이 환경에 적응하면서 만든 가치관에서 벗어나 자신의 세계를 다시 되돌아보는 시기가 된다.[51]

중년기에 자신의 세계를 다시 돌아본다는 의미는 무엇인가? 미국인의 성생활을 조사한 킨제이 보고서에 의하면 미국 남성들은 40대에 혼외정사 문제가 가장 많이 보고되었다. 엘리엇 자크의 분석처럼 중년 초기에 사람들이 우울해 보이는 것은 중년들이 결혼하고 십수 년을 지내면서 자신들의 성적인 본능에 새롭게 눈을 뜨고 그것에 직면함으로써 자신들 안에 발산되는 동물적 몸의 본능에 대해 알게 되어 느끼는 고통 때문이다.[52]

사람은 특별히 두 가지 구성 요소의 긴장 속에 살아간다. 우리의 몸과 그 욕구를 중심으로 이루어져 있는 동물적 몸(animal body)과 이 동물적 몸을 넘어 또 다른 세계를 추구하는 상징적인 자기(symbolic self)다.[53] 이 두 가지 요소는 중년 때만이 아니라, 인생의 발달단계에서 우리에게 어느 정도의 배율로써, 그리고 어떤 균형을 가지고 살아가야 하는지에 대한 질문을 항상 던진다. 위기가 발생하는 중년기에 이 균형에 대한 긴장감은 더해진다. 질병과 죽음을 자신의 부모와 자신의 몸으로부터 경험하는 중년은 죽음이라는 피할 수 없는 전주곡이 노화나 질병을 통해서 자신의 이야기로 다가온다는 것에 대해 무의식적으로 반항할 수밖에 없는 구조다. 그것은 다른 말로 해서 이 죽음의 주제를 나에게 수용하기에는 자신의 상징적인 자기를 통해 승화할 수 있는 힘이 미약하기 때문일 것이다.

상징적인 자기는 우리 개인의 동물적 몸의 현상을 조종하거나 승화할 수 있는 요소이고, 이것은 개인의 정신적 관심사인 종교와 교육을 통해 강화할 수 있는 것이지만, 이러한 요소들이 현대인들에게 영향을 미치는 것은 미미할 수밖에 없는 사회 환경이다. 이것은 앞서 이야기한 것과 같은 너무나 편한 사회 환경 내지는 소비가 개인의 정체성을 이루고, 소비하므로 내가 존재한다는 사회적 양식이나 개인적 양식이 다분히 많기 때문이다. 그렇기 때문에 사람들은 중년기에 상징적 자기가 없음에 대한 비애보다는 동물적 몸이 나약해진다는 것에 더 많은 관심을 갖기 마련이다. 동물적 자기를 표현할 수 있는 외적인 것에 관심을 갖는다. 그래서 동물적 몸을 더 돋보이고 과시하고 유지하기 위해, 과거 나의 몸으로 회귀하기 위해, 또는 내가 기력이 있다는 것을 증명하기 위해 많은 관심과 투자를 하는 것이다. 그것이 여성들에게는 미에 대한 집착일 수도 있고, 남성들에게는 힘을 증명하는 '성'에 대한 관심일 수도 있다. 미와 성은 우리 모두, 특히 중년들의 관심사일 수 있지만, 상징적 자기가 상대적으로 약화된 상황에서 나온 것이라는 점이다. 그래서 여성들 사이에서는 신체와 얼굴 등에 대한 성형이 유행하게 되고, 남성들 사이에서는 성기능 보완을 위한 강화제에 대한 관심이 증가하게 되는 것이다.

중년 연구가 낸시 마이어나 미국 심리학자 에릭슨은 사회의 중년 현상을 보고 일침을 가했다. 그들은 이러한 미국 사회의 현상이 슬프다고 했다. 그들이 슬프다고 한 것은 중년들이 이제는 인생을 어떻게 의미 있게 살 것인가?라는 주제를 가지고 인생 중반 이후를 살기보다는, 인생을 즐기려는 데에 관심이 더 많기 때문이다. 그리고 인생을 즐기려는 경향은 인생이 직면해야 하고, 풀어가야 할 문제에 대하여 직면하지 않는 현상이라고 보았다. 아마도 이는 한쪽으로 기울어진 심한 균형 상실의 당시 사회를 지적하는 것이라고 본다.

(중년은) 젊음의 마술인 젊은 외모, 젊은 스타일, 발랄한 젊음의 소리, 젊음의 감각과 감촉이라는 것에 치료받을 수 없게 매혹되어 사로잡혀 있다. 그래서 늙어가길 원하는 사람은 아무도 없다.[54]

앞서 언급한 것과 같이 우리 사회는 무엇을 하든지 한쪽으로 치우치려는 경향이 좀 심하다. 대표적인 것이 젊음과 미에 대한 경향이다. 상당량의 TV 프로그램이 미, 젊음 유지, 건강 유지를 위한 음식, 건강약품에 대한 방송이다. 성형과 치아 미용이 생활처럼 자리를 잡아서 청소년들이 방학을 하면 성형외과가 호황이다. 이 여파가 중년들에게도 밀물처럼 밀려온다.

중년들에게 스트레스를 발생시키는 요인 중에는 문화적인 것이 있는데, 이러한 스트레스는 젊음과 활력을 대명사처럼 여기는 사회의 경향과 밀접한 관련이 있다. 어떤 이는 이것을 생존을 위한 것이라고 할 수 있다고 보지만, 중요한 것은 젊음과 미를 강조하는 사회적 분위기에서 이렇게 하지 않으면 커다란 상실과 박탈의 상처를 경험한다고 느끼기 때문이다.[55]

젊어지려고 하는 것과 젊음에 대한 집착과 과열 현상은 다르다. 중년에 들어서면서 과한 젊음의 집착과 미에 대한 농익은 노화를 전적으로 거부하는 심리이고, 결국은 죽음을 거부하는 개인과 사회가 된다는 점이다. 강한 긍정은 강한 부정을 말하기에, 젊음에 대한 강한 애착과 긍정은 노화와 죽음에 대한 강한 부정이다. 사회에는 다양한 구성원이 있고 다른 사람들이 있을 수밖에 없는 구조지만, 이것은 획일화시키고, 좋다고 생각되는 것만을 수용하려는 병리적 현상이다. 그러기에 우리는 여전히 장례식장과 같은 것이 도심가에 있거나, 불편한 장애인들을 위한 시설이 주거시설 부근에 들어오는 것을 몹시도 반대하는 뉴스를 접할 때마다 마음이 씁쓸하다. 왜냐하면 삶이 죽음을 배척하고, 나와 다른 것은 밀어내기 때문이다.

서구에서는 장례식장은 도시와 가까이 있다. 그리고 묘지는 우리처럼 일상생활과 동떨어져 있는 산에 있는 것이 아니라, 도시와 가까운 곳에 있고, 심지어 어떤 곳은 도심을 끼고 묘지가 있는 곳도 있다. 그러한 시설들이 도심과 가까이 있는 것은 살아 있는 사람들에게 죽음을 통한 삶의 균형을 주려는 의도에서이다. 죽음과 삶은 동전의 양면과 같은 것이어서 어느 한쪽 없이는 인생살이가 성립되지 않는다.

실존주의 심리학자 어빈 얄롬(Irvin Yalom)은 자신의 책을 통해 성으로 문제를 발생하는 한 중년 남성 브루스를 소개한다. 브루스는 청소년 이후 성에 대한 문제로 방황을 하는 사람이다. 그는 현재까지 수백 명의 여성과 성관계를 했고, 아무에게서도 관심을 받지 못했다. 그는 여성들을 관계성의 대상이라고 생각하기보다는 성적 대상으로 생각했다. 심지어 어떤 때는 여성들과 성관계를 한 몇 분 후에 다시 이런 일을 했다. 그는 자신의 어머니를 닮은 여성을 원했지만 그것을 또한 두려워했고, 자신의 어머니가 거주하는 도시로 가면 갈수록 성적 욕구가 강해졌다. 여기에는 남아가 어머니를 그리워하는 오이디푸스 콤플렉스가 있었다. 얄롬은 그가 가진 성적 충동과 친밀감의 두려움은 자신의 실존 상황에 직면하는 것을 두려워하는 일종의 방패로 진단했다. 혼자 있는 것을 두려워하고, 친밀감을 맺지 못하는 그는 홀로 있는 시간이 있으면 그러한 자신을 받아들이지 않고, 또 다른 성의 문제로 자신의 문제를 풀어간다. 그리고 자신의 유혹에 넘어가는 여성들을 보면서 성취감을 느꼈다. 끊임없이 죽음의 두려움을 피하고 그 긴장을 늦출 수 있는 통로로 찾은 것이 성이었던 것이다. 그는 자신이 이러한 일을 할 때마다 자신이 치러야 하는 대가와 죄의식에 사로잡혔다. 상담자와의 오랜 기간(8년)의 치료 상담을 통해 회복을 목표로 세우고, 다음날 관계를 맺기로 약속한 한 여성을 만나지 않고, 집에서 홀로 지내는 연습과 그 시간에 관심을 다른 것에 집중하는 시간을 보내겠다는 결심을 하고 난 후였다. 집에서 홀로 시간을 보내는 동안 내적인 갈등을 하면서 자신에게 이러한 결심을 유도시킨 상담자를 원망하였다. 그날 밤을 보내면서 그는 난잡한 성관계를 보이는 상징적인 꿈을 꾸었다. 꿈에서 그는 화살대와 화살을 가지고 있었고, 이것이 마술적인 힘을 가진 위대한 예술작품이라고 했지만, 상담자와 그의 친구는 마술적인 것이 아니라 평범한 것이라고 말했다.

얄롬은 이 꿈을 브루스가 특권이며 마법처럼 생각하여 사용한 자신의 '성'에 대한 마법이 깨지는 순간이었다고 보았다. 브루스가 마술적이고 위대한 예술작품이라고 여긴 화살대와 화살은 그의 성이었고, 그는 이 성을 통해서 자신이 만나야 하는 죽음의 두려움을 회피하고, 계속 지속될 것이라는 생명의 환상을 키운 것이다. 브루스는 성적인 충동이 어느 정도 완화된 후 처음으로 자신이 어떤 사람이고, 무엇을 위해 살아가야 할지에 대한 존재론적인 질문에 직면하고 자신에 대하여 가치 있는 탐구를 시작하였다.[56] 브루스는 동물적 몸에 빠져 있다가 비로소 가치 있는 상징적 자기에 대한 질문을 시작한 것이다. 필자는 이와 같은 맥락에서 예일대학교 교수였던 대니얼 레빈슨(Daneil Levinson)의 말에 주목한다. 중년 위기의 모든 문제는 중년 자신이 '늙어가고 있다'는 사실을 인정하는 순간부터 막을 내리게 된다고 본다. 그러고 보면 중년 내면의 중심에는 우리가 늙어가기를 거부하고, 죽음을 회피하거나 거부하는 커다란 방어로 인해 발생하는 파행적 행보가 발생한다는 말이다.

동물적 몸을 가진 인간에게 몸은 성(sex)을 의미하기에 몸이 늙어가고 병들어 가는 것은 결국 죽음의 길이다. 그래서 성의 무기력은 곧 몸이 사라지는 죽음을 의미한다.[57] 역으로 성의 활력은 생명과 친밀감을 나타내기도 한다. 그래서 '성'의 활력은 살아 있는 생명인데, 그것은 활력 있게 움직인다는 것을 말하고, 동시에 움직인다는 것은 생명을 의미한다.

중년에 있어 성은 활력이고 움직이는 것이며, 동시에 움직이는 것은, 더 많이 적극적으로 움직이는 것은 더 많은 생명을 가지고 있다고 생각한다.[58] 그러나 인간이 가진 몸과 정신의 이중구조에 정신세계의 자유로움은 중년에 있어 몸으로 인해 제한을 받는다. 인간의 내적인 정신적인 자기는 생각과 상상의 자유를 가지고 있는 반면 신체는 제한성을 늘 가지고 있다는 것을 안다. 아이들조차 성장하면 상상적으로나 신체적으로 성적인 문제를 가지는데, 신체적 성장이나 신체적 성욕은 우리 내부의 세계에 무엇이 있어 이렇게 역동하는지에 대해 말해 주지 않기 때문이다. 그래서 인간은 성관계를 하면서 우리 자신 내부에 무엇이 이렇게 하는지에 대한 명확한 답을 찾지 못하기에 죄의식(guilt)을 가진다.[59]

앞에서 예로 제시된 브루스는 오이디푸스 콤플렉스로 인

한 문제였다. 오이디푸스 콤플렉스의 문제는 현대에서는 단순히 어머니 연모에 대한 것이 아니라, 어머니 연모로 인하여 아버지로부터 분노와 복수가 자신의 생식기를 거세할 것이라는 거세불안(castration anxiety)이며, 거세불안은 곧 '죽음'을 의미한다. 브루스의 성중독 문제는 친밀성의 결핍과 이로 인해 발생한 자기가 거세될 것이라는 '죽음' 불안이 그로 하여금 성중독이라는 도피처를 찾게 한 방어였다. 결국 어린 시절부터 친밀감을 통한 안정성을 획득하지 못한 그는 친밀감을 비상식적인 방법으로 추구하며 숱한 여성들과 관계를 가졌고, 그 배후에는 거짓 친밀감이 부추기는 '죽음'에 대한 두려움이 있었다. 바른 친밀감은 죽음을 인생의 또 다른 면인 것을 어렵지 않게 자연스럽게 수용하도록 하여 인생을 살아가는 데 균형을 이루게 하지만, 거짓 친밀감은 이 균형이 깨져서 심한 불균형으로 발생하는 현상이다. 이러한 관점에서 보면 오이디푸스 콤플렉스는, 성중독의 문제의 핵심에는 죽음으로 인한 개인 삶의 의미부재가 있었다.[60] 브루스는 결국 자신 삶의 의미부재를 성중독으로 회피해 나간 것이다.

시카고대학교의 종교학 교수였던 미르체아 엘리아데(Mircea Eliade)는 고대인들의 삶의 가장 중요한 양식을 자신들을 성스러운 주체와 연결하여 살아가는 것을 핵심으로 꼽고 있다. 아

마 이것은 집단 사회 양식에서 나온 구조적인 영향이라 생각
된다. 그러나 현대인들에게는 자신을 성스러운 주체와 연결하
여 인생의 의미를 구현해 나가는 것이 과거에 비해 비율적으
로 적을 수밖에 없다. 사실 사람은 자신의 유한성을 절감할 때
에 성스러운 대상과의 연결을 비교적 용이하게 할 수 있을 것
이다. 그러나 현대 문명은 이미 과거 우리의 인류 조상들이 꿈
꾸지 못했던 불확실한 것들을 현실화시키고 있기에 사람이 과
거에 느낀 유한성은 사라지고 있다.

이세돌 9단과 인공지능 알파고와의 대결이 인류에게 보낸
메시지는 인류가 고민하고 풀어야 할 숙제들, 예들 들어 우
주탐험, 생명연장, 인공생명, 유전공학을 통한 꿈의 세계 실
현 등과 같은 문제들이 상상할 수 없을 정도로 빨리 현실화되
어 갈 것이고, 이런 것들이 현실에 더 가까이 올수록 사람은
자신의 유한성을 무의식적으로 부정하는 세계가 될 것이라는
것이다.

퓰리처 수상 작가이지만 일찍 세상을 떠난 어네스트 베커
(Ernest Becker)도 같은 맥락에서 인간 사회를 진단한다. 과거의 인
류가 신성한 대상과의 일체성을 삶의 의미로 생각하고 살아갔
다면, 현대인들에게는 그 신성한 대상이 아니라 자신이 사랑
의 대상으로 변화되었다는 것이다. 이것은 마치 사회심리학자

에리히 프롬(Erich Fromm)의 지적과 같이 현대인들은 자신이 사람을 사랑할 수 있는 예술적인 내적인 능력을 개발하고 수행하기보다는 사랑의 대상에게 관심을 받기 위해서 남성은 외적인 조건들을 개발하고, 여성들은 쇼윈도의 마네킹처럼 자신의 화려함과 미적인 것에 치중을 하는 것과 같다. 그러나 여기서 더 나아가 베커의 지적은 이 사랑의 대상이 현대 사회에서는 성적인 주제로 나타나는데, 이 성적인 주제는 2차적인 주제라는 점이다. 마치 원가족, 부모와의 정서적 문제가 많아서 집 밖으로 전전하며 살아가는 청소년들이 일찍 이성관계에 눈을 뜨고, 그러한 청소년들을 성에 대한 문제가 많다고 낙인찍는 것은 이 문제의 근원을 보지 못하는 것과 같다. 청소년들이 이렇게 거리를 방황하는 이유는 바로 원가족의 정서적 불안과 학대를 견디지 못한 것이 1차적인 이유이다. 마찬가지로 중년에 문제가 될 수 있는 성문제 최대의 핵심은 자신의 근원과 정신적 뿌리의 혼란에서 오는 기행적 문제이기에 이러한 사랑과 성의 문제는 자신의 근원의 혼돈에서 오는 것이며, 더 깊게는 인간의 근원을 찾고 싶다는 종교적 문제이다.[61]

　중년에 사람은 두 가지 입장에서 자신을 돌아볼 수 있다. 하나는 인간만이 타 피조물과 비교하여 가질 수 있는 독특성과 다른 하나는 인간이 영원히 흙으로 돌아간다는 사실이다. 그러나 준비되지 않은 중년은 자신이 흙으로 돌아간다는 죽음이라는 절대 진리에 대해 수용할 수가 없다. 그래서 이 죽음을 이기기 위한 여러 수단으로 젊음에 집착하는 것이고, 자신의 젊음을 확인시키기 위한 여러 가지 수단과 방법을 동원한다. 결국 이것은 인간 자신이 가진 한계성을 부정하는 것이고, 동시에 인간의 가능성, 진정한 자기가 되고자 하는 용기를 부정하는 것이기에 인간은 가장 가엾은 존재가 되는 것이다.[62]

문화심리신학자였으며 하버드대학교와 시카고대학교의 교수였던 폴 틸리히(Paul Tillich)는 이 진정한 자기가 되고자 하는 것을 '용기'라고 했는데, 이 의미는 '용납될 수 없는 자신이 용납될 수 있다는 것을 수용하고 나아가는 용기'라고 표현했다. 어쩌면 인간만이 지닐 수 있는 상징적인 자기와 신체적 욕구의 갈등이 있지만 이 갈등을 수용해 주고 인정해 준다는 절대자와 상관관계적 '뿌리'가 이러한 용기의 근원이 됨을 말해 주고 있다.[63] 이 뿌리는 어느 정도 인간의 근원성과 연관된 종교성에 대한 문제다. 그러나 개인과 사회의 대부분 현상은 종교성의 중심에서는 많이 이탈되어 있어 전혀 무관한 것과 같은 현상들이 도처에 많이 있다

동물적 몸에 대한 집착은 사람들에게 영웅주의를 꿈꾸게 한다. 이 영웅주의는 중년에 발생하는 대표적 현상이다. 영웅을

꿈꾸는 가장 큰 이유는 자신의 불안에서 발생하며, 필자는 이것을 신경증적 불안의 대표적 성향이라고 본다. 불안에는 일상적 불안과 신경증적 불안이 있다. 일상적 불안은 우리가 일상생활을 하는 데 도움을 줄 수 있다. 약간의 불안은 우리를 준비하게 하는 바쁨과 목적을 갖게 할 수 있다. 그러나 죽음의 불안에서 시작되는 신경증적 불안은 정상적인 일상생활로부터 도피를 하게 한다. 그중의 하나가 영웅주의. 영웅주의의 대표적 특성 중에 하나는 일에 파묻혀 사는 것이다. 영웅주의는 홀로 됨에 대한 두려움이다. 그래서 어떤 일에 파묻혀 정신없이 보내야 한다. 자신이 생각할 수 있는 많은 시간과 공간의 여유는 자연스러운 게 아니라 오히려 정신적인 부담이 되어 자신의 일에 파묻혀 그 홀로 됨의 고통을 이겨야 하기 때문이다. 그리고 이 신경증적 불안을 가진 사람은 다른 어떤 사람보다 관찰이나 참여가 매우 특별하기 때문에 그 생산물이 어떤 면에서 범상치 않은 창의적인 것일 수 있다. 그리고 이러한 창의적인 소산물은 사람들에게 도움을 줄 수도 있을 것이다. 그러나 다른 면에서 보면 이렇게 일에 파묻혀 사는 사람들은 진정한 영웅이 아니다. 그는 자신의 홀로 됨, 버려지는 것과 죽는다는 것에서 적극적으로 도피함으로써 일을 찾기 때문에 그일 자체가 자신의 정체성과는 무관한 것이다. 홀로 됨의 두려움, 죽음에 대한 두려움의 도피처로 삼은 것이 곧 일이기 때문이다.

> 중년에 이른 사람이 결혼과 직업에서 성공적으로 정착하지 못했거나, 광적인 활동을 하거나 연속적으로 자신 감정의 황폐를 부인으로 일관하는 사람은 중년의 중요과업이나 성숙성의 즐거움을 만나지 못한다. 이러한 경우 중년 위기와 다가오는 자신의 죽음을 맞이하면서 살아야 한다는 것은 심리적 장애와 우울한 쇠약의 기간처럼 경험되기 쉽다.[64]

필립은 53세 중년의 남자로 매우 성공적인 사업행정가였고 일중독자였다. 한 주에 60~70시간 일을 했고, 매일 저녁 할 일을 집에까지 가지고 갔다. 그의 일은 경제적인 안전을 가져다주었지만 만족하지는 못했는데 자신이 원해서 하는 것이 아니라, 자신의 죽음 불안을 없애기 위해서였기 때문이다. 일에 중독되어 있는 기간 중 아내의 혼외정사가 발각이 되었는데, 필립은 이 사실을 인정하지 않았다. 그 이유는 이 사건으로 인해 자신이 일에 집중할 수 없었기 때문이었다. 사랑, 삶의 행복과 의미라는 그 어떤 것도 그를 움직이지 못했다. 그가 일중독으로부터 벗어나게 된 계기는 자신의 회사가 망하여 타회사에 통합될 때였다. 자신이 다시 고용될 수 없다는 사실 때문에 심각한 불안을 보였다. 그 와중에서도 자신의 회사를 어떻게 운영할까라는 생각을 했다. 회사에서 일하는 마지막 날이 되고, 아직 직업을 얻지 못한 것 때문에 미친 듯이 날뛰었다. 그리고 이 무렵 계속 가파른 모래언덕의 좁다란 길을 죽음의 위협을 받으면서 아슬아슬하게 걸어가는 꿈을 꾸었다. 그러나 실직을 한다 해도 그는 넉넉한 재산, 실직에 따른 충분한 보상, 근래 받은 상당한 유산이 있어 전혀 문제가 되지 않음에도 불구하고 이런 증상을 보였다. 그에게 문제는 경제가 아니라 시간이었다. 그동안 자신을 시간에 몰입시킴으로써 죽음의 위협에서 오는 불안을 이겨낼 수 있었지만, 이제는 그 일할 시간이 없는 것으로 인한 좌절이었다. 이 무렵 자신의 집에 침입하려는 듯한 스타킹을 뒤집어 쓴 복면강도를 만난 이후, 그는 현실로 조금씩 돌아오기 시작했다. 자신에게 내재된 죽음의 절박성을 알았고, 치료에 임하였다. 그가 도외시한 친근감의 중요성을 알아갔고, 자신의 감정, 그리고 자신의 실직 등을 동료 집단과 나눔으로써 친근감을 열어 갔고, 자신에게 구체적 도움을 준 상담자 앞에서는 35년 만에 어린아이처럼 울었으며, 자신의 상처를 수용하고 가족과의 친근감이 더해졌다. 친근감을 회복한 그는 더 이상 죽음의 두려움으로 일중독에 빠져 시간을 죽여야 하는 사람이 아니라, 날마다 시간의 자유로움을

맛보기 시작한 사람이 되었다.[65]

중년기 일중독에 대한 대표적인 영화가 있다면 필자는 '헨리의 이야기(Regarding Henry)'를 소개하고 싶다. 1980년대에 나온 영화이지만 생각할 것이 많은 중년과 가족에 관한 명화라고 생각한다. 헨리는 대형로펌의 대표 변호사다. 그가 개입하면 중요한 사건마다 반전이 일어나 판결을 의뢰인 쪽으로 기울게 히는 능력이 뛰어난 사람이다. 그러나 자신의 일에 철두철미한 그에게 나타나는 어두운 부분은 자신보다 신분이 낮은 사람들을 대하는 비하적인 언어와 태도와 점차로 불행해지는 부인과 딸의 관계이다. 끊임없이 성취하고 달성해야 하는 그는 부인과 딸에게 완벽을 강요했고, 그것을 따라가지 못하는 가족과 사람들을 하등 취급하며 힘들게 했다. 그런데 이런 그에게 획기적인 변화가 나타난 것은 성탄절 무렵 가게에서 물건을 사다가 만난 권총강도에게 치명상을 입고 나서다. 머리에 총상을 입은 헨리는 과거의 기억을 모두 잃어버린다. 자신의 신분도 가족의 얼굴도 그리고 심지어 글조차 읽을 수 없게 된 것이다. 다행히 긴 시간이 경과하며 조금씩 언어와 과거기억을 회복한 그는 자신이 변호사로 있을 때 잘못한 일들에 대한 사실을 알게 되었고, 일에 미쳐 가족을 돌보지 않았던 순간에 부인은 혼외정사를 가졌고, 자신도 회사 동료와 애정에 빠진 사실을 알고, 일에 중독되어 틀어져 버린 가족과의 관계를 알게 되었다. 그래서 그는 자연스러운 시간의 즐거움을 맛보기 위해 변호사를 던져버리고 자연인으로 돌아간다.

이 영화는 인간 사회에서 영웅으로 살아가는 한 개인의 이면을 보게 하고, 이 영웅의 그림자를 보게 함으로써 현실의 보편적 생활의 가치를 돌아보게 한다. 현실 사회는 영웅주의를 홍보하고, 영웅을 만들고, 그것을 모델화시켜서 우리를 자극하지만 그것이 진정 날마다 인간에게 진정한 자유로움과 즐거움을 주기 위한 것인지, 아니면 가족의 불안, 부모의 불안, 그리고 사회의 불안이 이 영웅주의에 파묻혀 살아가도록 조장하고 대리만족을 도모하려는 것인지 살펴봐야 할 것이다.

작가 톨스토이는 프랑스를 여행하는 중에 교수형당하는 비참한 장면을 목격했고, 그의 친척 중에 유능한 젊은이가 불치병으로 사망한 것이 계기가 되어 **이반 일리치의 죽음**(*The Death of Ivan Illich*)을 1886년에 출간했다. 톨스토이가 1828년생이니 그의 나이 58세에 내놓은 책이며, 이 책은 1870년대에 종교적 회심을 한 이후에 나온 책이다.

주인공 이반은 법원 판사로 재직 중 마흔 다섯의 나이로 사망한다. 법원 판사였고, 누구나 꿈꾸는 행복한 일상을 꾸미려고 했고, 능력 있고 선량하며 사교적이면서 자신의 임무는 성실하게 해내는 사람이었다. 훌륭한 가문의 여성을 부인으로 맞이하여 결혼 생활 17년을 살았다. 그러던 어느 날 집에 도배를 하는 사람에게 직접 시범을 보여주겠다고 사다리에 올라갔다가 떨어져 옆구리를 다친다. 처음에는 아무렇지도 않던 부상이 몸에 이상을 가져다주어 치명적인 병으로 발전하였다. 병 진단 중 그는 자신의 맹장에 이상이 있고, 이것을 치료할 수 없다는 것과 죽음이 가까이 있다는 사실을 알고 나서 번뇌 속에서 독백을 한다.

> 맹장, 신장? 이것은 맹장과 신장의 문제가 아니라 삶과 죽음의 문제다. 인생은 과거에 시작되어 시간이 계속 흐르고 있지만 나는 이것을 멈추지 못한다. 내가 지금 살아 있지 않는다면 미래에는 무엇이 있을 것인가? 아무것도 없다. 내가 이 현실에 살지 않는다면 나는 어디에 있는 것이지? 이것이 죽어가는 것인가? 아니, 나는 죽기 싫다. 어떤 사람도 나의 죽음을 알고 싶어 하지도 않고, 알고 있지도 않다.

죽음이 자신에게 가까이 있다는 사실을 알아가면서 그리고 자신의 병이 불가항력이라 것을 수용해 가면서 그는 하나님에게 자신의 마음을 쏟아 놓는다.

이반 일리치는 더 이상 마음을 절제할 수가 없어서 어린아이처럼 울었다. 지독한 외로움, 사람의 무심함, 하나님의 잔혹성과 부재 때문에 울었다. "하나님, 나에게 왜 이런 병이 발생했습니까? 왜 이 지경까지 방치하셨습니까? 왜 이렇게 비참하게 만드십니까? 하나님, 제가 당신에게 무엇을 잘못했단 말입니까? 무엇 때문에 제게 이런 일이 일어났습니까?"[67]

죽음을 기다리는 인생의 초라함과 자신이 아무것도 할 수 없는 미미한 인간임을 알아간다. 그리고 그동안 자신과 관계 있었던 가족을 비롯한 모든 친구들 그리고 사회적 품위는 그저 이해관계 속에 있는 것뿐이었다. 아내와 딸도 이반을 자신들의 사치, 품위 그리고 신분을 유지시키는 존재로 여기고 있을 뿐이라는 것을 알았다. 죽음 앞에서 본 모든 사람들은 심지어 가족까지 모두가 진실하지 않은 거짓된 가치관과 껍데기로 살고 있다는 것을 보았다. 그가 건강할 때 사회 경쟁의 사다리를 타고 한참 올라가는 동안에는 이러한 것을 못하는 사람들이 눈에 들어오지 않았다. 그런 사람이 자신의 하인 게라심과 어린 아들이었다. 하인 제라심은 경쟁적이고 품위를 중요시하는 자신의 구조에서는 불학무식한 하인일 뿐이었고, 어린 아들은 사회에서 구실을 할 수 없는 연약한 존재였기 때문이다.

그러나 죽음의 기정사실을 수용하면서 이반은 인간 사회가 추구하는 인위적인 삶으로부터 벗어나 진실된 삶이 어떤 것이라는 것을 하인 제라심의 성실한 인간애와 힘없는 막내아들의 연민의 정을 통해서 알아간다. 이제껏 잘나갈 때의 구조에서는 보이지 않던 두 사람이 죽음의 앞에서는 이들이 진실한 사람임을 알게 된 것이다.

> 죽어 있는 사회 생활, 그리고 돈에 집착하여 보냈던 1년, 2년, 10년 그리고 20년 그렇게 똑같이 모든 것이 지나갔다. 나는 정점을 향해 고개를 올라간다고 생각하였지만 사실 언덕 아래로 내려가고 있었다. 그러나 내가 이렇게 올라가는 만큼 나의 인생은 쇠퇴하고 있었다. 지금은 모든 것이 끝나고, 나에겐 죽음만이 기다리고 있을 뿐이다.[68]

톨스토이가 중년에 쓴 이 소설, 그리고 주인공 이반이 중년인 47세에 경험한 소설의 내용은 인간은 죽음 앞에서 거짓과 진실의 옥석을 알 수 있다는 것이다. 이러한 점에서 중년에 느낄 수 있는 노화와 죽음의 전조는 우리가 그것을 수용할 수 있는 마음의 창이 있으면 그것은 이 시대의 중년들을 인생의 선한 길로 인도하는 안내자가 될 수 있지만, 그것들에 대적하면 우리는 영원한 적으로 살아가게 된다. 50대 후반의 톨스토이의 경험이 이 소설을 쓰게 했지만, 이 소설을 쓰기 전, 그의 나이 54세인 1882년 발간된 책 **고백록**에서는 중년기에 도전받는 죽음에 대한 그의 내면세계의 갈등을 아프게 써내려 갔다.

> 내가 기초로 하여 서 있는 모든 것이 무너지는 것을 느낀다. 이제 내가 기초로 하여 서 있어야 할 것이 사라졌다. 나는 그동안 아무것도 아닌 무가치한 것을 위해 살았으며, 왜 살아야 하는지에 대해서도 아무런 이유를 가지고 있지 않았다. 분명한 것은 인생이 의미가 없다는 것이다. 계속 되풀이되는 삶 속에서 그동안 나의 자취들이 나를 벼랑 끝으로 더 가까이 이끌어 가기에 나에게 인생은 아무것도 아니며, 폐허인 것이다. 지금 내가 하는 일들로부터 나는 무엇을 얻을 수 있는가? 과연 나는 인생에서 무엇을 가질 수 있는가? 나는 왜 살고, 무엇을 해야 하며, 어떤 것을 얻어야 하는가? 피할 수 없는 죽음, 나를 기다리고 있는 죽음으로부터 파괴될 수밖에 없는 내 인생에 어떤 특별한 의미가 있는가?[69]

죽음은 삶의 원수이며, 젊음의 적대자이고 반역자다. 헤어날 수 없는 벼랑으로 젊음을 내몰고 가차 없이 청춘을 심연의 바닷속으로 밀어 던지려 한다. 그리고 중년은 이 벼랑 끝에 서지 않기 위해 수없는 질문과 방어를 한다. 그러나 톨스토이는 자신이 중년기에 직면한 죽음에 대한 불안을 이반 일리치의 **죽음**이라는 소설을 통해서 풀어나갔다. 이반에게 닥친 뜻하지 않은 불행에서 시작된 죽음의 시작은 모든 삶의 기초를 뒤흔드는 사건이었지만, 그 뒤흔듦이 그가 이제껏 올라가려 애썼던 성공의 사다리는 거짓된 인생으로 가득 차 있었다는 것이고, 이 거짓된 인생의 주변인물 중에는 그의 아내와 딸도 있었다. 자신이 확신했고 그 기초 위에 섰던 자기의 거짓 인생이 혼란을 겪으면서 뒤흔들리는 동안, 전혀 생각지 못했던 진실한 인생이 보이기 시작했는데, 이것의 핵심은 이웃을 가엾게 여기는 동정과 연민이었으며, 이 요소는 자신이 가장 소홀히 한 영역의 사람들, 하인 게라심과 막내아들에게서 나타났다. 그리고 거짓된 인생을 살아가는 부인과 딸에 대한 연민과 동정을 느끼면서 자신의 죽음을 통해 죽음의 비존재를 넘어섰다. 죽음의 위기를 통해서 인생을 보는 눈을 알았고, 인생의 진리에 조금 더 가까이 나갔고, 용서할 수 없는 사람을 용서할 수 있었던 것이다.

죽음은 젊음을 몰아내는 냉혈체이지만, 중년에 본격적으로 느끼는 노화의 과정을 통해 죽음의 세계에 대한 진입 자체를 구름이 하늘에 흐르듯이 수용을 할 수 있다면 이것은 우리의 호흡하는 시간의 귀중함과 인간 삶의 존귀함을 알게 해주는 선물일 수 있다. 그러나 이것을 수용할 수 없는 개인과 늙어 가는 과정에 순응하지 않는 사회문화 환경은 우리를 더욱 더 중년의 위기에 몰아넣을 수 있다. 그래서 단테는 이렇게 말한 것이 아닐까 생각해 본다.

인생 여정의 중도에 나는 어두운 숲속에서 바른 길을 잃어버린 채 나 자신으로 돌아왔다. 아! 그 원시적이고 거칠며 울창한 숲속에 대해 말하는 것이 얼마나 힘든 일인가! 생각만 해도 공포가 다시 느껴진다. 또 죽음이 더 이상 멀리 있다는 것이 얼마나 고통스러운가!

미국 민주당 소속 오리건 주 출신 상원의원으로 1955~1960년까지 활동했던 리처드 뉴버거(Richard Neuberger)는 암으로 고생하면서, 그리고 암이라는 죽음에 가까운 병을 수용하면서 자신에게 발생한 변화에 대하여 다음과 같이 말하고 있다.

내게 믿을 수 없는, 역행할 수 없는 변화가 일어났다. 명성, 정치적 성공, 재정적 상태에 대한 관심 모두가 한꺼번에 무가치해졌다. 암에 걸렸다는 사실을 알았을 때, 처음 몇 시간 동안 상원의원 자리, 은행계좌, 세상의 일에 대해 생각해 보지 않았다. 내가 암 진단을 받은 이후 아내와 다툰 적이 없다. 나는 아내가 치약을 아래부터 짜지 않고 위에서부터 짜는 것, 정성어린 음식을 준비하지 않는 것, 나와 상의 없이 초대 손님의 명단을 정하는 것, 의상을 준비하는 데 너무 많은 비용을 낭비하는 것에 불평을 했다. 그러나 지금은 이러한 일에 대한 관심을 가지지 않는데, 이런 일들이 살아가는 데 관계가 없기 때문이다. ……그 대신 내가 병을 얻기 전에 당연하게 생각했던 것들, 친구들과 함께 점심을 먹는 것, 고양이가 귀를 긁는 소리를 듣는 것, 침실 램프 아래 조용한 곳에서 책을 읽는 것, 케이크 한 조각이나 오렌지 주스 한 잔을 마시기 위해 냉장고를 여는 것 등에 대한 고마움이 마음에 생겼다. 나는 불사성을 가진 존재가 아니라는 것을 알았다. 내 인생 중 건강했을 때 거짓으로 가득한 자만, 인위적으로 만든 가치, 그리고 말도 안 되는 경멸에 차 잘못된 일을 한 것을 생각할 때마다 몸서리가 쳐진다.[70]

제5장

중년 부부의
관계 들여다보기

현가족과 원가족의 정신적 고리

앞선 장에서 중년기의 심리적 현상, 그리고 중년기에 영향을 미치는 외부 요인들에 대한 것을 살펴보았는데, 이 모든 다양한 요인과 심리적 현상을 두 가지로 축약하라고 한다면 안정과 성취의 좌절을 꼽겠다. 일, 사랑 그리고 사람관계에서 오는 안정과 성취의 문제다. 안정과 성취의 깊은 좌절은 중년이 되어서 친밀감에 대한 두려움을 갖게 되고, 친밀감 두려움이 깊어지면 자기고립을 자처하는 거짓 친밀(pseudo-intimacy)을 추구하게 된다. 그리고 이 거짓 친밀이 중년의 생활에 그림자를 드리운다.

중년기까지의 성장과 성숙의 경험이 우리를 100% 지배하지는 않지만, 과거 경험 역시 무시할 수 없는 것이다. 반면 과거의 경험이 좋지 않았더라도 미래를 향한 목표와 열정이 어떠한가에 의해 중년은 다른 삶을 살 수 있다고 생각한다. 이와 같은 점에서 앞에서 언급한 중년기의 여러 가지 현상에 대하여 우리가 결혼 전까지 함께 원가족인 부모와의 관계성을 살펴보는 것은 중년기 및 배우자를 새로운 각도에서 바라볼 수 있는 기회가 될 수 있다.

성장과정에서 부모와 환경을 통하여 자연스러움을 표현할 수 있는 어린 시절과 청소년 시절을 보낸 사람들이 말과 행동에 있어서 가장 자연스러움을 표현할 수 있는 사람이다. 벨리언트(Valliant)에 따르면 대학 시절부터 상담하여 중년에 이른 사람들 중 가장 행복하게 산 사람들의 특징 중의 하나는 자기 주도적으로 산 사람이었다. 자신의 이야기가 있고 주관성을 가지고 살아온 사람들이었다. 그러나 부모나 환경에 의해 억압이나 트라우마를 겪고 이 상처들을 표현하지 못한 이들은 중년이 되어 자신의 풀어지지 않은 문제들을 현가족과 부부 사이에 표출함으로써 문제를 발생시킨다.

중년에 들어서 가족과 개인에게 다양한 영향으로 인해 여러 종류의 현상들이 중년에게 발생하지만 본질은 단순하다. 사람은 돌봄, 안전에 대한 욕구와 성공/성장에 대한 기본적인 욕구가 있다. 우리는 결혼을 해서 부부로 살고 있고, 개인적 주관으로 싱글로 계속 살아가는 사람들, 또는 사별해서 살아가는 사람들이 있을 것이다. 개인으로만 살아간다면 오히려 부딪히는 문제가 다소 줄어들 수 있지만, 부부로서 살아간다는 것은 두 사람이 살아가는 것이 아니라, 여섯 명이 살아가는 것과 같다. 배우자와 그 뒤에서 성장과정에 음양으로 영향을 미친 부모도 있기 때문이다.

어린 시절의 사회문화적 환경 속에서 부모를 통해 안전, 돌봄 그리고 성장의 경험을 긍정적으로 했는지, 아니면 이것이 좌절되어 마음의 불안과 상처로 남아 있는지는 중년의 부부들에게 영향을 많이 미칠 수 있다. 사람의 탄생과 삶 자체는 '불안'과 면밀하게 연관되어 있다. 출생 때부터 우리는 불안을 경험한다. 그래서 어머니 태에서 나오지 않으려는 아기와 세상으로 나올 수밖에 없는 인간의 운명이기에 불안이 과제다. 이 불안이 성장과정에서 부모와 중요한 사람 그리고 환경을 통해서 극복이 되고, 더 좋은 세계가 있다는 것을 인식하게 되면 살아가면서 우리는 일반적인 불안만을 경험하게 된다. 그러나 부모와 환경이 너무 열악해서 이 문제를 지닌 채 결혼을 했다면 분명히 '친밀감' 문제가 발생할 것이다.

L은 야동에 몰입되어 있고, 일확천금의 성공을 꿈꾸는 사람이다. 그는 전문직에 종사하는 사람으로 좋은 머리를 가지

고 학창 시절을 지냈다. 그러던 그가 중년이 되어 돈과 성에 빠진 것은 그의 아버지와의 관계 때문이었다. 폭력적인 아버지의 가혹한 학대로 인해 자신에 대한 존중감을 가지고 살지 못했다. 아버지의 폭력으로 인해 불안에 떨었고, 특별히 아버지의 귀가 시간이 가까워지면 폭력에 대한 불안은 극심해졌다. 거기에다 아버지는 집안 생계에 대한 책임을 지지 않았다. 대신 어머니가 모든 경제적인 문제를 책임을 졌다. 무능한 아버지는 폭력, 술 그리고 집안의 책임을 지지 않는 사람이었다. 언젠가는 이런 폭력과 무능함으로 가득한 아버지에게 이 모든 것을 복수하겠다는 생각을 하며 얼른 성장하기만을 기다렸다. 그러나 아버지는 L이 10대 때 세상을 갑자기 떠나게 되었다. 학대와 폭력으로 아버지에 대한 부정적 감정이 많은 그에게 아버지의 죽음은 눈물 한 방울도 흘리지 않을 만큼의 감정적 짜릿함을 가져다주었다. 아버지의 죽음이 자신과 가족을 해방시켰다고 믿었기 때문이다.

남편 사망으로 종교에 귀의한 L의 어머니는 L의 학업 우수성을 보고 모든 것을 거기에 다 걸었다. 그리고 종교를 통하여 모친이 자신의 불안 구조에 근원을 살피기보다는, 종교는 L 어머니의 불안을 회피시키는 방패막 역할을 한 것이며, 모친의 좌절된 꿈을 실현시키는 도구로 전락하였다. 어머니는 L의 감정을 보듬고 살필 심리적 여유가 없었기 때문에 자신의 종교 안에서 키운 신념대로 L에게 훈계와 강요를 거듭했다. L은 아버지 생존 시에는 아버지의 폭력과 학대로부터 상처를 입었고, 아버지가 돌아가신 이후로는 종교에 귀의한 어머니의 엄격한 통제 생활과 할 것과 하지 말아야 할 것을 또다시 강요받으면서 어린 시절부터 청소년 시절까지 무엇하나 자기 의지대로 결정하지 못하고 떠밀려 가는 사람이 되었다.

똑똑한 두뇌를 가지고 있음에도 불구하고 성장과정에서 아버지의 학대와 어머니의 불안에서 온 강요적인 교육은 L의 자아정체성을 확립하기에는 너무나 빈약했다. 어머니의 억압과 강요, 그리고 종교를 통한 모친의 강한 구조와 틀로 교육을 받았지만, 이것들이 납득될 수 없는 상황이었기에, 성인이 되어서는 강요와 억압을 느끼는 사회 구조 속에 있으면 환멸과 분노가 발생해 적응하지 못하고 있었던 것이다. 그래서 그는 어느 한곳에 정착하여 지속적으로 할 수 있는 이유와 근거를 다 상실해 버렸다. 대학 입학 후에도 몇 군데서 적응을 하지 못했고, 주변을 맴돌기 시작했다. 학창 시절부터 부모의 불화와 가정에 대한 그의 분노는 또래집단과 어울리지 못하고 주변인물로 전락하게 만들었고, 사람들을 만나더라도 자신을 절대 노출하지 않았다. 많은 사람들에게 자신을 노출시키는 것이 부담스러웠고 수치스러웠기 때문이다. 그 억눌린 환경 속에서 탈출구를 찾을 수 있었던 것은 성을 사용한 해방이었다. 아버지의 폭력, 무책임과 무기력이 L에게 수치스러운 것이었는데, 이제는 어머니의 불안에서 오는 강요와 내용이 없는 종교의 틀은 그로 하여금 탈출할 수 있는 '거짓 친밀감'이 익숙하도록 만들었다.

그는 야동을 보기 시작했고, 성과 연관된 곳에 자신을 집중시켰다. 이런 시간이 자신이 가진 모든 불안을 한순간에 날려 보내는 약 처방과 같은 것이었다. 거기에 집중할 때만이 그동안 쌓인 모든 문제적인 환경과 불안으로부터 해방을 얻는 것과 같은 느낌을 가져다주었다. 세상의 모든 근심과 걱정을 한방에 날려 보내는 시간이었고, 비로소 한곳에 집중할 수 있는 시간이었다. 자연히 부부 생활은 소원해졌다. 한마디로 비현실적인 세계에서 은닉된 거짓 친밀감을 가지기 시작한 것이다. 무능과 무력감은 더해 갔지만, 자신의 무력감을 달래 줄 수 있는 것은 이런 것에 빠지는 것밖에는 없는 것 같았다.

중년이 되어서도 그의 문제는 성과 연관된 일이거나 야동에 대한 집착이었다. 그러나 현실적으로는 배우자와 자녀들의 생활과 양육비로 인한 경제적 불안이었다. 중년이 되어 자신을 되돌아보니 자신이 성장과정에서 그토록 저주하다시피 한 아버지와 똑같은 모습으로 서 있는 자신이 있었다. 무능했고 술과 폭력이 빈번했던 아버지처럼 자신도 집안의 경제에 전혀 도움을 줄 수 없는 사람이 되어 있었고, 부인의 경제적 활동에 전적으로 의존하고 있는 자신을 발견하였다. 자신의 부모가 사이가 좋지 않았던 것과 같이 배우자와의 관계와 자녀와의 관계도 아버지만큼이나 좋지 않고 존중을 받지 못한 사람이 되어 있었다. 자신 안에 그렇게 저주했던 아버지와 같은 모습이 그대로 살아 있고, 자신이 그 아버지의 모습을 하고 있었던 것이다. 그렇게 어머니와 자녀들에게 무관심하고 무능력해서 싫어했던 아버지의 모습이 자신에게 그대로 남아 있고, 자신이 지금 부인과 자녀에게 자신의 아버지와 같이 경제적 무능 그리고 중독된 인간이 되어 있었다. 자신이 집안에 경제적으로 도움을 못 주고 있다는 사실로 자괴감에 빠졌을 때, 그는 일확천금에 대한 환상을 품게 되었다. 흔히 자아가 왜곡되어 있는 사람들이 자기중심적인 집착에 빠지는 것과 같이, 그리고 한 걸음 한 걸음 땀을 흘려 목표를 성취하기보다 한 번에 모든 것을 바꾸려는 환상을 가지는데, L은 주변의 돈을 빌려 그것이 언젠가 한방으로 자신의 인생을 역전시킬 것이라는 환상 가운데 지냈다.

　L에게 문제가 이렇게 심화된 것은 L의 어머니가 홀로 되었

을 때 L에게 강요한 구조가 원인이었다. 성장과정에서 경험한 불안과 트라우마로 인하여 자아가 성립되지 않은 L을 정서적으로 보살피지도 않고 남편 상실로 인해 닥친 어머니 자신의 불안과 더불어 종교의 지침을 L에게 덮어씌웠기 때문이다. 이러한 불합리하고 비정서적인 과정을 통해서 그는 사람으로서 가장 친근해야 할 세 가지 구조와 거짓 친밀감으로 관계를 맺고 있었다. 첫째는 아버지의 학대와 폭력, 그리고 무능력으로 인한 아버지와의 거짓 친밀감이다. 그래서 그는 아버지의 죽음이 아주 당연한 것이고, 그 죽음이 가족을 해방시켰다는 생각이 절대적이다. 둘째는 불안한 어머니가 가진 강압적인 교육으로 인한 상처다. 아이의 중심을 알아보지 못하는 강요하는 교육은 오히려 아이들에게 독이 된다. 사실 L에게 진정 필요한 것은 어머니의 사랑이었다. 셋째는 자신의 불안을 가지고 귀의한 종교의 가르침은 어머니의 불안을 달래기 위한 수단이었기 때문에 종교와 거짓 친밀감을 가진 것이다.

아동기에 가진 경험의 특성들이 중년기에 미치는 영향은 네 가지이다. 첫째는 아동기 때 부모로부터 존중과 사랑을 받지 못한 사람들은 중년이 되어도 즐길 줄 모른다. 노는 것과 즐기는 것은 인생의 행복과 연관이 되어 있다. 놀이는 단순히 놀이가 아니라 사람의 정서와 연관이 되어 있으며, 잘 놀 수 있는 사람이 정서적으로도 건강하다. 둘째는 아동 시절의 애정결핍이 해소되지 않으면 중년기에서도 이 여파로 불신과 의존성이 실생활에 나타난다. 특별히 아동 시절 아버지와의 정서적 성숙도는 사회에 얼마나 잘 적응할 수 있는지와 밀접한 연관성이 있다. 자녀들과 자상한 관계를 맺고 존중을 받는 아버지들의 절반은 어린 시절에 부모들과 행복한 시간을 보냈던 사람들이다. 셋째는 아동 시절의 모든 환경은 중년기의 정신질환을 예측할 수 있는 근거가 된다. 어릴 때 애정결핍을 겪은 아동들은 정상인 사람보다 5배나 더 비정상적인 불안을 보였고, 이들은 대수롭지 않은 병으로 인해 정상인보다 2배 많은 진료를 받았다.[1]

전쟁으로 부모를 잃은 아동들의 행동을 관찰하였는데, 이들은 부모의 상실로 인해 사람들에게 더 많이 집착하게 되고, 자신만이 독점하겠다는 행동을 보였다. 애정결핍이나 상실은 사람을 포기하도록 만들기보다 과다하게 어떤 대상이나 사람들에게 집착을 보이는데, 성인이 되어서는 자신의 결핍을 채우기 위한 수단으로 상대방을 사랑하는 표현으로 자주 나타난다. 결국 자신의 결핍이 외부적으로는 사랑을 표현하는 열정으로 표현되어 당사자들은 잘 알지 못한다. 그러다가 이별이나 절교를 선언하면 상대방이 자신을 배반했다는 생각으로 그동안 관심과 사랑을 보인 사람에게 복수를 하게 되는 이유도 여기에 있다.

어떠한 이유에서이든 자신의 과거에 있는 부모와 원가족과 연관된 것을 추억하지 않으려 하거나, 안 보려고 할수록 사람은 더 부자연스러운 사람이 되어 간다. L처럼 과거로부터의 단절은 자신의 정체성을 없애는 것이고, 에너지의 근원을 뽑아 버리기에 현실에 적응할 수 있는 자신만의 고유한 에너지 줄기를 상실하는 것이다. 그러나 우리의 성장 환경에서 있었던 과거의 이야기를 듣고, 이것을 재해석하여 다른 각도에서 이해하고 용서하려는 마음을 얻으려는 노력과 과정이 있다면, 중년의 정서적 세계를 다시 재조명하고 풍요롭게 하는 기회가 되는 것이다.

원가족의 애착 경험과 중년부부

부모가 가진 가치, 정신, 생활 그리고 부부가 서로를 어떻게 대하고 있는가는 자녀들에게 그대로 영향을 준다. 그래서 현재 중년부부가 서로를 말과 행동과 마음으로 어떻게 대하고 있는가는 부모들이 배우자에게 대한 태도와 비슷할 것이다. 우리는 이것을 톱니바퀴 원리(cogwheeling)라고 한다. 어린 자녀들의 눈에 보이는 거대한 힘을 가진 부모의 구조에 자녀들의 톱니바퀴가 끼워져 돌아가면서 부모의 모든 것을 모방과 학습을 통해서 닮아간다는 것이다.

톱니바퀴 원리는 다른 용어로 '애착'이라고 필자는 부르고 싶은데, 애착은 어린아이들이 부모와의 구조 속에서 생존하기 위해서 자신을 부모의 특성과 요구에 맞춰 나가는 것이다. 그래서 어린아이들이 부모를 따르는 것에는 두 가지 이유가 있는데, 첫째는 부모를 좋아해서 하는 것이 있고, 둘째는 생존하기 위해 따르는 것이다. 물론 부모의 인격을 좋아해서 따라가는 것이라면 큰 무리가 없고, 아동이 성장 후 매우 자연스러운 중년기를 맞이하겠지만, 부모의 억압이나 과도한 통제와 폭력이 있다면 이 안에서 생존하기 위해 부모의 틀을 익히게 되어, 중년이 되어서도 이 익숙한 구조를 가지고 살아갈 것이다.

애착에는 좋은 애착과 부정적 애착이 있는데, 좋은 애착은 아이가 부모로부터 안정성을 확보하여 자신만의 시간과 공간을 가지며 성인으로 커가는 것이다. 반면 부정적 애착은 일명 불안정 애착으로 개인에 따라서 불안정 혼돈, 불안정 회피, 불안정 저항으로 나뉜다. 이 형태에서 아동기를 보내면 대부분의 아동들은 자신만의 시간과 공간을 부모의 구조에 의해 침입당하여 없어지거나 피해를 입게 되는 것이다.

우주가 시간과 공간이 있어야 존재했던 것과 같이, 개인에게 사람으로서의 참된 나는 자신이 향유할 수 있는 과거의 추억과 즐거움, 현재, 그리고 미래를 향한 희망에서 시작된다. 정신적으로 가장 건전한 사람은 어린 시절에 부모에게 자신의 희로애락을 자연스럽게 표현했던 사람이며, 이러한 희로애락이 자연스럽게 표현될 수 있도록 수용한 부모의 자연스러움이다. 그러나 이러한 자연스러움이 '완전'을 의미하지는 않는다. 이 자연스러움을 표현하고 온건하게 자신의 감정을 표현할 수 있는 사람은 중년 성인기가 되어서 자신과 자신의 부모에 대하여 객관적으로 볼 수 있는 통찰이 있다. 이들은 자신의 부모를 존중하지만, 자신의 부모가 자신들에게 실수함을 알고 있으며, 그 실수함에 대한 상처를 입은 사람이다. 이들은 이 실수됨을 묵인이나 방관하는 사람이 아니라, 부모의 불완전성을 인지하는 사람이고, 이러한 실수됨을 이해하고 용서하려는 현재 진행형의 사람들이다.[2] 그러나 불안정 애착 유형 중 회피형을 가진 성인들은 자신들의 부모에 대한 언급을 완전한 것으로 미화해 버리고, 저항형의 사람들은 가급적 언급을 하지 않는다.

완전한 배우자는 없고, 결혼에서 완전이라는 것은 없다. 결혼 생활만이 아니라 인간관계에서 완전을 추구하는 것은 지나친 불안이며 망상에 젖어 있는 사람이다. 이러한 망상의 꿈에서 깨어 나와서 현실에 있는 자신들의 욕구를 잘 살펴봐야 한다. 살아 있고 움직이는 모든 것에 어두운 그림자가 있는지 부부가 살펴보아야 한다. 실수한 것이나 고의적으로 문제를 일으키는 배우자에 대한 이해와 용서가 있을 수 있지만 이것이 한 번으로 다 이해가 되거나 용서가 되지 않는다. 다만 우리는 서로에 대한 이해와 용서를 현재 진행형으로 하고 있다는 것이 더 중요하다. 그러기에 그 이해와 용서가 완전이 아니라 그것을 하려고 한다는 진행형이 더 필요하다.

M은 자신의 원가족에 대한 자랑이 대단한 사람이다. 부모의 사회적 지위와 형제들의 탄탄한 경력과 사회 기여도를 무척이나 뿌듯하게 생각하는 사람이다. 성장과정도 순탄했고, 남부러울 것 없이 자신의 환경을 언급하였다. 원가족과 형제에 대한 은근한 자랑만이 아니라, 현가족의 화목, 그리고 배우자와 자녀들과의 아주 원만하고 행복한 이야기를 늘어 놓았다. 그뿐만 아니라 자신이 종사하는 전문직에 대한 만족과 주변 사람들의 긍정적인 반응도 털어놓았다. 그의 설명은 합리적이었고 듣는 이로 하여금 충분히 따라가도록 하는 능력이

있었다. 그러나 그는 철저히 불안정 회피 애착형의 어린 시절을 지냈고, 그 여파 속에 모든 것이 엮여 있어 힘든 현재를 보내는 사람이었다.

학창 시절 늘 학교에서 칭찬과 기대를 받아 온 다른 형제들 사이에서 그는 등을 기댈 자리가 없었다. 부모의 유전자를 절대적으로 이어받은 다른 형제들은 학교를 통해 부모에게 빛을 안겨주는 형제들이었다. 그러나 M은 설 자리가 없었다. 발버둥을 치면서 무언가 그 방향으로, 부모가 인정해 주는 영역으로 진입하고 싶었지만 거리만 더 멀어졌다. 졸업 후 사회 진출이 되어 사회에서 안정된 직장을 갖는 것에서는 더 힘든 세월이었다. 다른 형제들은 학교에 이어 사회에서도 부모의 이름을 빛내주는 사람들이었다. 그리고 사회 역할에서도 다른 형제들과 M과의 차이는 더 많이 벌어졌다. 어린 시절부터 부모의 만족도를 채우고 싶었던 M은 부모의 기대치를 이루지 못하는 낙오자였고, 사회에서는 그 차이가 더 커서 늘 가족 테두리 밖에 서 있는 이방인 같은 느낌이었다. 부모와 형제가 아무런 이야기를 하지 않아도, 모든 것이 M 자신을 비하하는 것 같아 낮은 자존감을 가지고 살았다.

이런 채워지지 않는 갈증은 그가 결혼을 한 후 중년기가 되어서 절정을 이루게 되었다. 공부도 사회에서의 역할도 부모의 기대치에 가지 못한 그의 좌절과 불안은 가족과 그가 한 단체의 단체장으로 있었던 구성원들에게 영향을 미치기 시작했다. 자신의 좌절과 불안을 자녀들에게 투사했고, 자녀들에게 자신이 받았던 가족 내에서의 열등감을 회복시켜 주길 바랐다. 그것은 학교에서의 우수한 학생으로 남는 것이었고, 졸업 후 자신의 형제들과 같은 직업을 갖고 살아가는 것이었다. 이러한 목적을 위해서는 그는 공부밖에 없다고 생각을 한 것이다. 그래서 가정에서는 모든 것을 자녀들의 학업을 위해서 매진해야 했고, 자신의 부인도 이 일을 위해서 전적인 헌신을 해야 했으며, 자신이 속해 있는 단체의 구성원들에게 이러한 목표만을 강조할 뿐이었다.

성인이 되어 번듯한 직장을 다니고 있음에도 불구하고, 그 직장이 부모의 기대치에 다다를 수 없다고 생각했다. 그리고 형제들의 사회적 지위와도 맞지 않는다고 늘 느끼고 있었기 때문에, 그 위치에 합당한 직업을 찾으려고 애썼다. 이러한 노력은 자신과 자신의 현가족을 고려한 것이 아니라 어린 시절 충족되지 못한 자신의 좌절을 극복하고 부모의 기대치에 자신을 어떻게 해서든지 충족시키려는 시도였다. 그래서 그는 직장을 옮겼고, 예전 직장보다 급여가 훨씬 좋지 못했지만, 사회적으로 때로는 부모의 관점에서 보면 가치 있는 직업이라는 것이라고 생각하고 이직을 한 것이다. 모든 것을 부모의 기대치에 충족시키기 위해 맞추어 가는 것이다.

성장과정에서 자연스럽게 우리 몸과 마음에 정착되지 않고, 불안 구조에서 온 목표들을 추구할 때 그것은 자연스러운 방법으로 나타나지 않고, 매우 강요적이고 불합리적으로 나타날 가능성이 크다. 그래서 성인이 되어 어떤 일을 할 때, 미친 듯이 몰입해야 한다고 생각하고, 그것을 하지 못하거나 따르지 않으면 어린 시절에 느낀 좌절감은 분노의 덩어리가 되어서 가족들에게 표출된다. 이렇게 행동하는 M을 이해하지 못하는 부인과는 매일 전쟁 같은 삶이었다. 자녀들이 감당할 수 없는 강요와 집착으로 M은 자녀들과도 역시 전쟁을 치르고 있었고, 이 과정에서 참을 수 없었던 배우자는 M과 냉전을 치르고 있었다. 당연히 이런 과정을 겪으면서 그는 자신의 중년기에 또 다른 혼란 속에 빠지게 되었다.

가족과 주변인들의 권유에 의해 상담자를 만나게 되면서 M은 왜 배우자와 자녀들과 그리고 공동체 구성원을 힘들게 했는지에 대한 이해를 서서히 하게 되었다. 그리고 자신의 대부분의 문제는 어린 시절 부모와 형제 구조 속에 끼지 못한 열등감과 좌절 그리고 수치심에서 온 것임을 알게 되면서 조금씩 회복되어 가는 과정을 밟았다.

P는 중년 여성이다. 그녀는 성장하면서 넉넉한 부모의 경제적 환경과 요구를 하면 모든 것을 다 들어주는 아버지가 있었다. 흔히 집안 구조에서 아버지의 관심을 독차지하고 자란 딸은 자연히 출가 후에도 남편이 자기 아버지 이상으로 자신을 대해 주기를 기대하게 된다. 남자도 마찬가지다. 어머니의 사랑을 독차지하고 자란 아들은 결혼 후에도 부인이 남편인 자기중심으로, 자신의 어머니 이상으로 자신을 대우해 주기를 바라게 되고, 이런 식으로 대접을 받지 않으면 배우자와 불화가 발생하기 시작한다.

　P는 아버지의 과도한 사랑과 관심을 받고 성장했다. 아버지로부터 '안 돼'라는 말을 못 들었기에, 자신이 원하고 구입하고 싶은 것을 모두 다 살 수 있었다. 그러나 결혼 초기부터 남편으로부터는 크게 대접 받지 못했다. 그리고 사이는 점점 멀어져 갔다. 이런 일이 일상처럼 되풀이되면서 그녀는 자신의 욕구를 배우자를 통해서 받을 수 없다는 결론을 내리면서 자녀의 교육에 목숨을 걸었다. 자녀의 교육을 위하여 순수하게 올인한 것이기보다는 중년에 자녀 교육에 관심을 둠으로써 두 가지로부터 탈출을 시도한 것이다. 첫째는 남편으로부터의 탈출이고, 둘째는 자신의 자기중심적 욕구를 자녀들의 교육을 통해서 만족하고자 하는 시도였다.

무엇이든지 요구하는 대로 들어주었던 자기 아버지의 환경으로 인해 그녀는 모든 가족, 특히 자신의 배우자가 자신을 주목받을 공주로 만들어 줘야 한다는 생각을 늘 가지고 있었다. 그러나 배우자의 성향은 전혀 그렇지 않았다. P는 자신의 욕구를 채워 줄 사람이 자신의 배우자는 아니라고 생각했다. 그 대신 이 불충족된 욕구를 자신이 나가는 단체와 만나는 사람들로부터 듣고 싶어 한 것이다. 예를 들면 어떤 모임을 나가든지 눈에 띄고 남들이 주목할 만한 옷이나 장식품을 차고 나간다. 그리고 남들이 그것을 알아주기를 갈망하고, 그것을 알아주면 그 맛에 자신의 불안을 날려 버린다. 때로는 이런 것이 안 되면 자신이 구태여 하지 않아도 될 식비 전체를 지불함으로써 동료들에게 주목의 대상이 됨으로써 자신의 채워지지 않은 어릴 적의 욕구를 경험하면서 보냈다.

외모와 능력을 내보임으로써 남들에게서 긍정적 관심을 받고자 하는 그녀에게 가장 치명적인 것은 젊어 보이지 않는다는 말을 듣는 것이었기에 그런 말을 들으면 극도로 민감한 반응을 보였다. 그리고 자신이 여전히 젊고 매력적인 사람인 것을 경계선적 줄을 탐으로써 즐기는 성향도 있었다. 공적으로 만나는 남성들의 마음을 자신의 세계로 들어오게 하는 것이다. 마치 남성에게 관심 있는 듯한 모호한 표현을 하기도 하고, 그 긴장과 스릴을 즐김으로써 어릴 적 아버지로부터 받은 나르시시즘 환상 속으로 돌아가고, 배우자를 통해 충족하지 못한 감정을 해소시킨다. 결국 P의 이러한 방식은 어린 시절 집안에서 가장 중심이 되고, 이를 제공해 준 아버지의 환경과 현재는 그 반대의 환경에 있는 배우자의 갈등이지만, 주된 요인은 자기중심적 환경에 너무 익숙해진 P의 문제였다. P는 자기중심적 환경 속에서 성장하여 형성된 자신의 편견이나 오만적 구조에서 재구조화된 시각을 가지게 될 필요가 있는 사람이었다.

P는 무조건적으로 자신의 욕구를 허용해 주는 자유방임형 부모의 구조하에서 성장했다. 너무 허용하는 부모 밑에서 성장하였기에 자기중심적 생활과 결정에 익숙해졌고, 결혼 후에도 이러한 구조 속에 사는 것을 당연한 것으로 여긴다. 자기중심적인 결정과 환경 속에서 성장하였기에 타인이나 배우자에 대한 배려가 없고, 동시에 모든 것이 부모나 외부적 도움으로 된 것이기 때문에 자신이 세운 목표를 성취하기가 어렵고, 목표 달성 과정에서 어려움이 오면 쉽게 뒤로 물러서거나 포기를 한다. 절제와 인내 그리고 고난이라는 것을 별로 경험해 보지 못하였기에 자신이 원하는 대로 해야 하고, 충족이 안 될 때는 더 많은 자유를 찾는다. 이런 유형은 미래를 생각하지 않

고 현재만의 만족도가 중요하다. 그래서 자신의 욕구를 충족시키기 위한 사치스러운 물건을 자주 구입하고, 이것들이 자신의 위치를 대변하는 것으로 생각하지만 시기가 지나면 또 실증이나 더 고가의 물건을 구입하고 싶은 충동구매 욕구가 생긴다. 그런데 관심을 끌려 하는 이런 구매 충동이나 외적인 것들이 타인들에게 허용적이고 때로는 격을 깨버리는 것이기에 매력적인 요소로 비칠 수 있고, 자신의 매력을 끄는 중심에 있다는 새로움이 이러한 것들을 되풀이하도록 만든다. 물건만이 아니라 인간관계에서도 이러한 현상이 나타나는데, 결혼 생활에서 배우자에게 쉽게 실망하기 때문에 결혼 생활이 장난삼아 하는 연애 같기도 하고, 자신의 만족을 채워 줄 수 있는 사람을 찾아다니는 바람둥이가 될 가능성도 있었다.

중년부부의 콤플렉스와 가면

사람은 성장하면서 누구나 열등감에 빠진다. 그리고 누구나 열등감을 가지고 있다. 마치 살아 있는 사람들, 움직이는 사람들에게는 그림자가 동행하는 것과 같이 열등감도 마찬가지다. 심리학자 칼 융에 의하면 이 열등감은 콤플렉스(complex)이다. 콤플렉스는 누구나 다 가지고 있지만, 살아가면서 이 콤플렉스를 수용해 주고, 있는 그대로의 나를 이해하고 수용해 주는 가족 구도를 가지고 있는지, 아니면 이것을 거부하고 배척하는 환경을 가지고 있는지에 따라 이 콤플렉스는 우리에게 독이 될 수도 있고, 약이 될 수도 있다. 중년이 되어서도 자신의 콤플렉스를 잊기 위한 M의 의식적 노력들이 가족들과 주변 사람을 힘들게 한 것은 어린 시절 부모와 가족 환경 속에서 자신의 콤플렉스가 독이 되었기 때문이다.

중년기가 되어 자신의 어린 시절에 겪은 심리적 트라우마가 발생하는 이유는 긍정적 의미에서 이제는 자신의 모습을 찾아가기 위하여 그동안 억압되거나 감추어진 결점들이 나타나 자신의 모습을 좌충우돌하면서 알아가야 하는 과정이기 때문이다. 그래서 인생에는 정체성에 대한 질문을 두 차례 하게 되는데, 첫 번째는 청소년기 때 장래에 무엇을 하면 살아갈까 하는 것과 둘째는 중년기 때 나는 누구인가라는 존재론적 질문을 조금씩 하게 되는 것이다.

M의 어린 시절은 자신의 모든 것을 집안의 환경과 부모의 기대치에 맞추려고 노력을 하면서 숱한 좌절을 하고 그것은 자신의 인격에 어두운 그림자요 콤플렉스로 남았다. 오히려

무언가 이상치를 가지고 자신이 목표로 한 것만을 생각하며 그것이 목적이요 가야 할 곳이라고 생각하는 부분만이 숱하게 발생하게 된다. 이렇게 묻혀진 것이 결혼을 하고 자신이 겪었던 시절과 유사한 환경이 오게 되면 감추어 두었던 콤플렉스가 작동을 한다.

사실 우리의 콤플렉스는 그 구체적인 원인이 무엇인지 직접적으로는 알 수 없다. 왜냐하면 콤플렉스는 우리 내면의 가장 깊은 곳에 자리 잡고 있기 때문이다. 그런데 이 콤플렉스를 망각하려고 하는 외적인 가면이 나타나는데, 그것을 페르소나라고 한다.

외적인 가면인 사회에서의 역할이나 성공이라는 것은 필요하다. 목표를 향해 정진하고, 그 목표를 성취하는 것도 필요하다. 그러나 자신의 콤플렉스를 인정하지 않으려는 페르소나는 중년기 부부 생활에 항상 문제를 가져올 수 있다. 앞 장에서 예로 든 영화 '헨리의 이야기'로 돌아가 보자. 이 영화감독은 가면이라는 페르소나를 가장 적나라하게 나타낼 수 있는 직업을 변호사로 설정했다. 필자의 친구도 90년대에 로스쿨에 입학하고 나서 자신이 첫 수업에서 받은 충격에 대해 이야기를 해주었다. 첫 수업에서 교수의 주장은 고객이 어떤 문제로 의뢰하든 그것이 진실인지 거짓인지가 우선이 아니라, 소송에서 이길 승산이 있는 것을 먼저 보고, 소송이 되면 반드시 이겨야 한다는 논리로 일관했다는 것이다. 진실 여부에 관계없이 이익 계산과 승부에만 최대의 관심이 있다는 것이다. 그 영화에서 헨리가 외적으로는 로펌을 대표하는 변호사였지만, 그의 가족을 포함한 그의 주변 인물들은 그와 함께하는 것조차도 부담스럽게 여겼다. 왜냐하면 사람들을 편하게 대하지 않고, 마치 종 부리듯이, 물건처럼 대하는 부자연스러운 그의 인격과 말에 신물이 났기 때문이다.

페르소나에 휩싸인 그에게 중년부부와 가족은 부속물이지 주된 관심이 아니었다. 로펌을 통한 업적과 성취, 그리고 그것을 치켜세우는 회사 분위기는 그에게 점점 강한 가면세계에 집착하도록 하였다. 사회적 직책과 명성이라는 가면이 자신의 진정한 모습이라고 여기면서 살아간 것이다. 그러나 이 가면에 도취될수록 부부 생활, 가정, 자녀와의 관계가 허물어져 갔다. 인간의 기본적이고 근원적인 부부, 가정관계가 깨어지고 있고, 가면에 맞들려 헨리의 내면세계가 무너진 것은 자신에게 있는 불안, 곧 콤플렉스에 대한 이해와 수용 없이 영웅으로만 살아가려는 '병리적 자기' 때문이었다.

페르소나가 과도하게 엄격하거나 방어적일 때, 그림자는 평상적 지각으로 접근할 수 없게 되어 의식으로부터 흐트러지게 된다. 그때 페르소나는 그림자를 지각으로부터 인지할 수 없게 만들어 병리적인 거짓된 자기로 발달하게 된다.[3]

자신의 어린 시절과 성장과정에서 가진 불안과 콤플렉스를 간과하고 대신 페르소나에 집중하는 것은 중년기 인격 성장에 장애물이다. 이것을 보지 않으려는 중년은 어린 시절부터 따라오는 콤플렉스의 집합체인 그림자에 의해 더 외적으로 확고한 틀에 매달려 자신의 정체성을 가지려고 한다.

O는 중년이 된 이후에 부모와 자녀 양육에 대한 부담으로 인해 경제적인 문제가 초미의 관심이었다. 자신에 비해 함부로 가계비를 지출하는 것 같은 부인과의 말다툼의 시작은 소비와 절약에 대한 경제문제였다. 그의 눈에 부인은 자신과 상의 없이, 때로는 남편인 자신의 경제적인 고충도 모른 채 규모 없이 쓰는 여인이었다. 그러나 부인은 O의 경제력에 비해 함부로 물질을 사용하는 사람이 아니었다. 그런데 왜 O의 관점에서는 배우자가 경제 관념도 없는 헤픈 여자로 비쳐졌을까? 이러한 질문에 대한 답은 O의 원가족 구조에서 볼 수 있었다. 어린 시절부터 성장과정에서 자신의 집안에서 제일 화두는 경제였다. 너무나 무능한 아버지와 집안 경제에 도움을 주고자

전전긍긍하면서 집안을 근근이 이끌어 나가는 어머니의 구조, 그리고 먹고 살아야 하는 많은 형제의 생존이라는 현실에서 제일 고통을 준 것은 물질, 돈이었다. 그래서 이것을 어떻게 해서든지 극복하고 싶었고, 극복할 수 있는 직업을 가지고 싶었다. 그러나 사회 생활은 그의 뜻대로 녹록하지 않았다. 부부 단둘이 있을 30대에는 쓰고 사용할 일들이 많지 않아 그런대로 견디어 낼 수 있었지만, 아이들이 취학을 하고 부모가 더 이상 경제 활동을 못하자 자신은 정말 샌드위치세대가 되어 버린 것이다. 이런 취약한 구조가 그의 어린 시절 물질로 인해 고통받았던 콤플렉스를 건드린 것이다. 그래서 사실 그가 집안에서 주장하는 근검과 절약은 자신의 콤플렉스에서 온 것이기 때문에, 근검과 절약이 배우자에게 영혼이 담긴 이야기로 들리지 않고, 화를 동반한 분노로 여겨졌기에 다툼의 시발점이 된 것이다.

K는 심리적으로 경제적으로 어려운 어린 시절을 보냈다. 부모의 숱한 불화가 K의 일생을 도배했고, 부모는 결별과 이혼으로 끝을 맺었다. 이런 과정에서 그녀는 자신의 정체성을 확립하여 불안을 몰아낼 구조를 확립하지 못한 채 자신에게 끌리는 남성을 만나게 되었고 결혼을 하게 되었다. 성장과정에서 인간이 가진 불안이 잠식되지 않고 성인이 되어 버리면 거

짓 친밀감을 가진다고 했다. K는 거짓 친밀감으로 자신을 객관적으로 바라볼 수 있는 최소한의 힘도 없이 상대의 마음에 끌려서 급하게 결혼을 해버린 것이다. 어쩌면 지금의 중년 중에는 여성이 사회 진출보다는 가정주부로서 자신의 정체성을 가지는 시절에 부모와의 관계가 너무 좋지 않아 그 원가족과 가급적 떨어지기 위해서 결혼을 서둘렀던 사람들이 있을 것이다.

K는 결혼 전에도 자신의 남편으로부터 많은 구타를 당했고, 결혼 후에도 이해할 수 없는 욕설과 구타를 당했다. 당장은 헤어지고 싶은 마음이 들었지만, 이런 일을 벌이고 나서 자신에게 애걸하는 남편을 뿌리칠 수 없어서 이렇게 반복되는 결혼 생활을 하고 있었다. K는 자신의 주체성을 형성해야 하는 어린 시기에 부모의 구조로 인해 자신의 독자적 정신세계를 만들지 못한 것이 문제였다. 그녀는 어린 시절의 과정을 통해서 자기는 아무것도 아닌 존재(I am nothing)라는 생각이 너무 지배적이었고, 이러한 구조 속에서 상대인 배우자는 자신을 돌보고 안정감을 가져다주는 매우 특별한 존재(He is something)라는 도식을 가지고 거짓된 친밀감 속에 지내는 것이었다.

K는 자신이 아무것도 아닌 존재라는 것을 버리지 못하는 이상, 이 구타와 차별 속에서 거짓된 친밀감을 가지고 지낼 수밖

에 없다. 때로는 이러한 자신을 저평가하고 자기가 없는 상태에서 종교에 빠져들게 되면, 종교는 도움을 주기보다는 이 상황을 더 악화시키는 경우도 있다. K와 같은 경향은 대체로 자기의 세계를 상실한 채 결혼을 한 사람들에게 많이 발생한다.

K와 같은 유사한 환경 속에 성장을 하였지만 수동적이 아니라 적극적으로 배우자를 조정하려는 부류도 있다. 이들은 자신의 내부에 어린 시절을 이겨내고 나름대로 사회적 성공을 일구어낸 사람들이다. 그러나 성장과정에서 부모를 통한 돌봄과 성장의 경험을 긍정적으로 하지 않았기에 타인이나 배우자를 배려하는 몫이 아주 약하고, 자신의 주관적인 의견만을 고집하게 되고, 이 일에 반대되는 사람들을 배신자나 적으로 간주하여 혹독할 만큼 대가로 돌려주는 사람들이다.

K는 자신에게 있는 콤플렉스로 인해 비하되었고, 자긍심이 없는 것은 성장과정에서 익숙하게 평가된 자신의 모습이었다. 자신이 아무것도 아니고, 사회적 위치나 힘이 있는 사람은 자신이 무조건적으로 신뢰하고 의지해야 할 대상의 중요한 인물이라고 여겼다. 이것은 실은 자신의 콤플렉스를 제대로 보는 것이 아니라, 강요나 억압된 환경에서 조형된 거짓 자기이기에 자신의 콤플렉스가 진정 무엇인지 보지 않으려는 것으로 발생하는 것이다. 타인을 매우 중요한 대상으로 여기는 것 역

시 자신의 거짓된 콤플렉스 구조 속에서 만들어 낸 것이다.

사실 우리가 겪은 콤플렉스는 반드시 부정적인 것만은 아니다. 심리학자 칼 융에 의하면 콤플렉스의 집합체인 그림자는 우리가 이것의 발달 과정과 근원을 제대로 이해와 수용만 한다면 사람들에게 창의성 발달을 가져다주는 에너지라고 보았다. 우리가 이것을 제대로 보지도 않고 탐색도 하지 않으려는 것은 그림자의 잠재성을 말살하는 것이다.[4] 동시에 이 그림자를 알아보지 않으려는 것은 우리가 관심을 두지 않는 만큼 그림자가 우리를 파괴시키는 힘을 보게 된다.[5] 즉, 이 그림자에 의해 일상이 휘둘리게 되는데, 그 이유는 그림자를 망각한 채 과도하게 강조된 우리의 페르소나 때문이다.

1972년 베트남 전쟁이 한창일 때 전쟁 중의 화제로 옷에 불이 붙은 아이를 화상으로부터 보호하기 위해 옷을 벗겨주고 있는 미군과 전쟁 공포로 인해 울고 있는 아이를 찍은 사진이 있다. 이 사진은 그 해 퓰리처 사진 작가상을 수상했다. 전쟁 공포와 생명의 위협 그리고 죽음이라는 처참한 환경 속에서 그녀는 생존하였다. 그러나 그녀는 미군이 자신을 구하려고 한 것은 좋았지만 베트남전 이야기만 나오면 떠오르는 벌거벗고 있는 3학년 무렵 사진 때문에 수치스러움을 느끼며 성장해야 했다. 그녀의 이름은 티킴 푹이다. 전쟁의 트라우마 그리고 노출된 자신의 몸을 전 세계 사람이 본다는 것이 너무나 큰 수치였다. 그 사진을 보는 사람은 전쟁의 비참함을 보는 것이지 벌거벗고 있는 소녀는 안중에도 둔 적 없을 것이다. 그러나 전쟁과 그 가운데 있었던 자신에게는 이것이 콤플렉스로 작동이 되었기에 평생 이것에 시달리게 되었다. 현재 52세인 그녀가 이 트라우마를 극복한 것은 40대 초반에 캐나다로 이주를 한 후였다. 평생 자신의 콤플렉스에 시달리며 우울하게 살기 싫었기 때문에 자신에게 발생한 이 사건이 자신 때문도 아니었고, 자신의 의지와는 상관없이 발생하여 이제껏 꼬리표처럼 따라온 이 사건을 재해석하기 시작했다. 그녀는 자신의 콤플렉스인 상처를 반전평화주의 운동을 통해 떨쳐냈다. 결국 아픈 세월이었지만 자신이 상처받은 만큼 전쟁을 겪어 보았고, 전쟁의 비참함을 경험하였기에 이 콤플렉스가 오히려 반전운동을 할 수 있는 평화주의자가 되도록 자신을 밀어준 것이다. 자신의 콤플렉스의 힘을 사용한 것이다.

나라가 이전보다 자유롭고 경제으로 풍요로워지면서 음악 프로그램이 상당히 많아졌다. 그런데 다양한 음악 프로그램 중에 특이한 것은 과거 수십 년 전의 음악들을 편곡과 재해석을 해서 내놓은 현대 가수나 음악가들이 많아졌다는 점이다. 그리고 그 편곡과 재해석이 훌륭해서 현대 시청자들에게 감동을 주는 경우가 많다. 그런데 어떤 것이나 마찬가지지만, 편곡이나 재해석을 잘하기 위해서는 제일 우선되는 것은 원곡에 대한 충실도다. 원 작곡가나 작사가 어떤 의도를 가지고 그 곡을 만들었는지에 대한 이해와 원곡을 부르거나 연주한 처음의 가수나 연주자가 어떻게 그 곡을 해석했는지에 대한 철저한 이해가 있어야 한다. 그런 해석을 잘 알고 편곡자나 재해석자가 자신의 것으로 내놓을 때 그것이 감동이 된다고 생각한다. 비교하자면 원곡은 원가정이고, 편곡은 현가정이다. 즉, 현가정에 있는 부부는 편곡되고 재해석되는 생활을 하고 있는데, 그것이 효과적이고 소위 말하는 소풍과 같은 인생살이가 되기 위해서는 원곡인 원가정에 대한 이해와 해석이 반드시 있어야 한다는 점이다.

연어는 자기가 태어난 모천(母川)으로 다시 돌아와서 생명을 낳고 그곳에서 일생을 마감한다. 우리에게 상징하는 의미가 크다. 한국 사람은 평생 김치를 먹으면서 살아간다. 이 김치를 먹은 사실을 부인한다고 해서 우리가 한국 사람이 아닌, 외국인이 되는 것은 아니다. 우리 개인이 부모와 환경의 영향 아래서 성장한 것은 마치 김치를 먹은 것과 같은 사실이다. 이것을 먹지 않았고, 내 살과 피에 남아 있지 않다고 하면 내 모천을 부정하는 것과 같아서 거기에는 생명이 태동할 수 없다. 연어가 모천을 다시 찾아가 자신의 일생과 새로운 생명을 태동시키는 것과 같이, 중년기에 맞은 중년기의 문제는 우리의 모천인 원가족으로 다시 돌아가 풀어야 한다. 다시 돌아가지만 그냥 가는 것이 아니라, 힘들었던 원가족의 구조를 재해석하는 힘을 가지고 돌아가야 한다.

성장과정에서 받은 정신적, 신체적, 그리고 물질적 어려움과 이것을 잘 이겨내지 못하는 부모의 말과 행동은 어린 아동에게 분명히 상처로 남을 것이다. 그러한 상처를 가진 우리는 주관적인 세계 속에서 부모와 환경을 평가하고 정의를 하게 된다. 그 결과가 편견과 오만이다. 편견은 내가 상처받은 입장에서 사람과 환경을 보는 것이기 때문에 사람과 환경을 삐뚤어지게 보아 자신이 이것들에게 접근을 하지 못하는 것이다. 사람이 두렵고 환경 안으로 들어가는 것이 무서워 자신 안에 머물러 버리려는 성향이다. 반대로 오만은 모든 것이 내 중심대로 된 것이다. 내 뜻대로 사람과 환경이 움직이고, 안 되는 것도 있고 고통스러운 것도 있다는 것을 모르고 자라게 되면 인간은 오만해진다. 그래서 오만한 사람에게는 사람들이 접근하기 힘들어진다.

중년기는 이제껏 경험해 보지 못한 생활의 실질적인 문제, 배우자와의 관계, 자녀와의 관계, 노화와 질병 그리고 죽음이라는 주제에 의해서 또다시 흔들리는 시기다. 그리고 이 흔들림이 나의 성장과정 속에 감추어져 있던 콤플렉스와 성장하면서 표면적으로 드러나 자신의 페르소나 세계에 대한 재평가와 마주하는 시간이다.

메디슨 카운티의 다리와 중년

로버트 윌러(Robert J. Willer)가 실화를 바탕으로 1992년에 쓴 소설 메디슨 카운티의 다리는 많은 사람들에게 중년기에 대한 감동을 주었고, 1995년에 영화화되었다. 영화의 남자 주인공인 로버트는 클린트 이스트우드, 여자 주인공 프란체스카는 메릴 스트립이 배역을 맡았는데, 1960년대를 배경으로 미국 아이오와 주의 메디슨 카운티(Madison County)에서 나눈 사랑을 다룬 내용이다.

프란체스카는 가족을 위해 자신을 희생하며 살아가는 당시의 전형적인 여성이었다. 남편은 자신의 일로 그녀에게 무심하였고, 아이들은 어느 사이 다 성장하여 빈둥지를 느끼는 시간들이 일상이었기에 중년기 여성으로서, 주부로서 자신의 정체감에 대한 질문이 마음속에 자리한 때였다. 그러나 여성이 자신의 정체성을 남편이나 자녀를 통해서 나타내려는 시대였기에, 그녀 안에 있는 한 인간으로서 관심과 존중을 받고 싶은 욕구가 있었지만 그저 묵묵히 한 가정의 주부로서 지내는 사람이었다. 어느 날 남편과 자녀(남매)들이 시카고 박람회 구경차 함께 떠나면서 프란체스카는 사신만의 시간을 갖게 된다. 그때 내셔널지오그래픽의 사진작가 로버트는 메디슨 카운티의 다리를 찾기 위해 프란체스카가 사는 마을을 방문한다. 그리고 이 장소를 찾다가 우연히 프란체스카의 도움을 받으면서 4일간의 사랑 이야기가 시작된다.

프란체스카는 사진작가로서 세계 여러 곳을 여행하면서 겪은 로버트의 경험을 들으면서 가부장적 남편에게서 느끼지 못했던 자신의 내면의 낭만과 자유를 느끼고, 부부 사이에서 못 느꼈던 친밀감을 느끼게 된다. 로버트에 대한 호감을 가지고 식사에 초대하면서 더 많은 대화를 통해 그녀는 주부로서가 아니라 한 여자로서 로버트의 사랑을 느낀다. 4일간의 격식이 있으면서 밀도 있는 사랑의 여정이 끝나기 전날 밤, 지루한 중년의 아내와 엄마로서의 자기 정체성이 미약한 그녀에게 로버트는 자신과 함께 타지로 떠나자는 제의를 한다. 그 제의는 프란체스카의 마음에 갈등을 가져다주었지만, 현실의 책임과 환경이 버거웠고, 자신에게 주어진 아내와 엄마로서의 역할을 버리고 갈 힘이 없었다. 다음날 예정대로 가족은 돌아왔고, 로버트는 떠났다. 로버트의 프란체스카를 향한 사랑은 일시적이기보다는 진지했고, 그녀의 결정을 존중하고 기다리는 사랑이었고, 상대를 배려하는 사랑이었다. 가족이 다시 돌아오자 프란체스카의 일과는 예전의 멋도 맛도 없는 일상생활로 되돌아갔다.

세월이 흘러 남편은 세상을 떠나면서 프란체스카에게 좀 더 자상하지 못한 남편으로서의 미안함을 표하고 숨을 거둔다. 그는 "당신 안에 꿈이 있었다는 것을 알아. 그런 당신의 꿈을 이루어 주지 못해서 미안하오. 진심으로 당신을 사랑하오."라고 한다. 남녀의 죽음은 슬픈 일이었지만 메디슨 카운티 다리와 함께 4일간의 풋풋한 사랑의 기억들은 그녀로 하여금 로버트를 찾게 했지만 허사였다. 그렇게 로버트를 잊어갈 무렵, 어느 날 그녀 앞으로 소포가 도착한다. 소포는 로버트의 유품이었고, 수십 년 전 로버트가 그녀와 함께 나눈 4일간의 사랑의 추억들을 써내려 간 글들이 그 속에 담겨 있었다. 거기서 로버트가 눈을 감는 날까지 자신을 잊지 못하고 기다렸다는 사실을 깨닫는다. 사랑의 진실을 알았지만 그 사람은 이미 세상을 떠난 뒤였다. 애절한 사랑이 남긴 유품을 안고 그리고 그렇게 세월이 또 지나 그녀도 세상을 떠났다. 그녀는 유언으로 자녀들에게 자신을 화장하여 추억이 남아 있는 메디슨 카운티 다리 위에 자신을 뿌려 달라고 한다. 살아서 함께할 수 없었던 사랑을 메디슨 카운티 다리 위에 자신의 마음을 놓고 가겠다는 의미였다. 살아서 하지 못한 사랑, 죽어서 함께하겠다는 애절함이 깃든 마음속의 여운을 남긴 것이다. 법적인 부부와 마음의 부부는 따로 있었다고나 할까.

소설 같은 사실이기에 이 영화를 보는 대부분의 중년의 마음에는 많은 여운이 남았을 것 같다. 젊은 청춘을 지나 결혼 생활 10여 년을 넘어가는 어느 시점에 우리는 결혼의 낭만 그리고 배려도 분주하고 경쟁적이고, 물질 소비중심적인 사회에서 잃어가는 무료한 중년기에 놓일 수도 있다. 이러한 현상은 개인에 따라 자신의 내적 원인과 환경에 의해서 가끔은 경험할 수 있는 현대병일 수도 있다. 프란체스카의 중년부부의 무료함과 로버트의 진정성을 가진 사랑이 조합이 되었기에 이들은 현실 속에도 비현실적인 진실 같은 애틋한 사랑을 느꼈다. 필자는 이 두 사람 중에 어떤 한 사람이 이러한 결핍적인 상황이 없었다면 4일간의 사랑은 형성되기 어렵지 않았을까 생각해 본다. 또 이 사랑은 아픈 사랑인 것은 맞지만, 프란체스카가 로버트를 마음속으로 사랑하면서, 때론 따라갈 수 있는 용기의 결단이 없는 것도 있지만, 아내로서 어머니로서의 책임이 떠나는 도전을 잡아 두었다는 생각도 해본다. 떠나는 것도 용기고, 머무르는 것도 용기지만 그녀가 로버트를 따라갔다면 메디슨 카운티의 다리라는 소설과 영화는 없었을 것이다. 현실과 이상 사이에 갈등하는 그녀의 모습은 남편의 임종을 지키고 위로와 사랑의 말을 들었지만, 자신의 몸과 뼈의 재는 추억과 아련한 사랑이 머문 다리 위에 뿌려 달라는 것은 인간의 사랑이란 빛과 그림자의 굴레에서 벗어날 수 없음을 말하고 있다. 그래서 이 영화는 중년기에 아직도 끝나지 않은 사랑의 명암을 삶과 죽음을 통한 대비 속에서 말하고 있다고 생각한다.

하버드 대학생 258명의 대학생 때부터 35년간의 생활을 탐구하여 중년기를 탐구한 조지 베일런트는 청년 때부터 중년기에 이르는 동안에 고난과 역경들이 없는 사람은 없었으며, 나름대로 의미와 행복을 추구하며 사는 행복한 중년기에 있는 사람들이 보여준 네 가지 중요한 심리적 기제에 대하여 언급을 한다. 그것은 억제, 이타주의, 예상 그리고 유머다.[6] 그의 조사에 의하면 '억제'는 만족스러운 어린 시절을 보낸 아동들이 만족을 지연시키는 자기 억제를 할 수 있다는 것이다. 보통 억제를 하는 것은 정신건강에 그리 좋지 않기에 솔직한 표현을 하는 것이 더 좋다는 일반적인 이야기가 있지만, 그의 조사 결과는 억제 혹은 금욕주의자들은 자신을 마음껏 표현하는 쾌락주의자들보다 더 건강하였고, 취업 현황, 결혼 생활도 훨씬 더 좋았다. 반면 자신의 쾌락을 추구하는 이들은 의존성, 성에 대한 두려움, 회의감, 비관주의 경향이 금욕주의자보다 5배나 더 많았다. 그리고 대상인원 중 16명으로 분류되는 쾌락주의자 중 8명은 정신분열과 만성우울증에 시달리고 있었다. 억제하는 금욕주의자는 삶이 다소 무미건조하지만 정신건강, 사회생활, 결혼 생활 면에서 훨씬 더 좋은 결과를 보였던 것이다.

'예상'은 미래에 불안이 있음을 지각하고 그것을 극복하는 능력을 말한다. 예를 들어 프란체스카는 현실의 무료함은 충분히 있었다. 그녀가 사랑받는 한 여성으로서의 미래를 선택하지 못한 것이 혹자는 용기의 부족으로 보기도 하지만, 필자는 미래에 예측되는 남편의 문제, 자녀의 문제, 더 나아가 어쩌면 가족이 해체될 수도 있었기에 자신의 내면적 욕구를 억압하는 금욕적 태도를 취한 것이라고 생각한다.

'이타주의'는 자신이 원하는 것을 하지 않고 그것을 타인에게 베풀어 주어 즐거움을 얻는 방어기제다. 심리학자 칼 융은 중년기에 본격적으로 발생하는 자기를 찾아가는 개성화(Individuation) 과정의 결과를 이타성으로 보고 있다. 자기를 찾았다는 열매 중의 하나가 이타성을 가지는 것이다. 어쩌면 프란체스카는 억제 속에서 이타성을 구현하지 않았을까 생각해 본다. 자신의 쾌락을 찾아가는 것이 아니라, 그것을 참음으로써 가족 구성원에게 돌아갈 즐거움의 안식처를 제공해 주는 아내와 엄마로서 남는 희생을 택한 것이다. 어머니 프란체스카가 겪은 중년기의 애절한 사랑, 갈등 그리고 결단을 안 자녀들은 자신들이 중년이 되어 겪는 부부의 갈등을 어머니의 중년기 과정을 알아가면서 다시 서로를 보듬고 새 출발하는 계기가 되었다.

제6장

중년과
인생 오후수업

인생오전의 법칙과 오후의 법칙

세월은 활시위를 벗어난 화살처럼 날아간다. 그래서 중년에게
는 시간이 흐르는 것이 아니라 날아간다는 것이 실감이 난다.
살아온 세월이 남아 있는 세월보다 더 많았다는 것을 알고는
자신에 대하여 깜짝 놀란다. 살아가기 위해, 성공을 하기 위해
숱한 세월을 보내면서 좌절과 성취를 맛보면서 인생의 중반
을 넘어서는 중년은 이제껏 잘 알지 못했던 인생의 다른 한 면
인, 인생오후수업이 시작되는 시기다. 톨스토이가 중년의 시
기에 자문한 인생에 대한 집요한 질문이 우리들을 계속 따라
다닌다.

  5년 전 나에게 이상한 마음이 생겼다. 내가 그동안 어떻게

살았으며 무엇을 했는가에 대하여 알 수 없는 단절 상태가
되어, 당황하는 순간들이 발생했다. 이러한 단절 상태를 경
험할 때마다 나는 '왜 이런가?' 그리고 '무엇을 위해서 사는
가?'라는 질문을 하게 되었다. 이러한 질문들은 마치 작은
점들이 하나둘씩 모여 하나의 확연한 큰 점을 만드는 것처
럼 나에게 지속적이고도 집요하게 대답하기를 요구했다.[1]

영원히 청춘으로 남고 싶거나, 청춘의 낭만에 흥취하고 싶
은 욕망의 잔재들이 있지만, 세월의 불가항력적 힘에 의해서
인생오후 단계에 한 발씩 들여놓게 된다. 인생오전의 환경에
익숙한 우리들이 인생오후의 환경에 어떻게 적응할 수 있을까
를 생각해 본다.

스위스 심리학자 칼 융은 자신을 찾아온 중년기 내담자의
많은 사람들이 우울증으로 시달리고 있다는 것을 상담을 통해
서 알았다. 그리고 이 우울증의 대다수는 외부 환경에 대한 영
향이기보다는 인생 무의미와 같은 내적 환경과 많이 연관된
것이라는 것을 알았다.[2]

인생오전의 법칙은 성공/성취다. 그리고 이것은 개인의 자
아를 형성하고 건강하게 하는 데 중요한 요소이다. 공부를 하
는 학생, 사업을 하는 사업가, 장래 어떤 계획을 세워 추진할
때 그것을 성취하는 맛은 인간 세상, 특별히 인생의 오전에서

는 개인의 자긍심을 심어주는 중요한 요소다. 자신이 추구하는 목적과 일을 통해 성취하는 것은 사람을 건강하게 만들 수 있다.[3] 그리고 이 성취하는 사람에게 격려와 칭찬을 아끼지 않는 부모나 사회 구조도 있어야 한다.

O는 선천적으로 매우 명석한 두뇌를 가지고 태어났다. 여러 형제가 있었지만 그만이 학업에서 괄목을 나타냈다. 중·고등학교에서는 늘 우등생이었고, 대학도 사람들이 부러워하는 대학에 입학하였다. 그럼에도 불구하고 그는 자신이 해낸 일들에 대해 특별히 부모와 형제로부터 그 어떤 격려나 칭찬도 받지 못했다. 이렇게 명석한 머리를 가지고 태어난 사람은 대학 졸업 후에 고속도로처럼 길이 뻥 뚫릴 것이라고 생각할 것이다. 그러나 그는 대학부터 커다란 난관에 부딪히기 시작했다. O는 초중고등학교 시절 부모와 가족 환경으로부터 학업에 대한 관심, 격려, 칭찬을 거의 받지 못했다. 부모님은 하루하루 살아가는 것만으로도 너무 힘들었기에 이런 것에 신경을 쓸 수 있는 정신적인 여유가 없었다. 오히려 학업 성적이 좀 떨어져도 자신을 믿고 격려해 주는 부모가 있었다면 그는 사회 적응에 좀 더 원활한 사람이 되었을 것이다.

O는 자신이 잘하고 있음에도 불구하고 반응이 없었던 가정 구조에서 살았기 때문에, 자신이 무엇을 잘하는지, 또는 어떤

사람인지에 대한 자긍심이 거의 없는 사람이었다. 그런 환경에서 평생을 보낸 그는 자신의 뛰어난 능력이 무엇인지 알 수 없었고, 남들이 설혹 칭찬을 해주어도 진정으로 받아들이지 못하는 부정적인 마음 구조를 가지고 있었다.

O의 경우는 조금 특별한 경우다. 우리 대부분은 자신이 이룬 성공과 성취를 통해 부모와 사회로부터 격려를 받는다. 그래서 적어도 인생의 오전이라는 시간에 이것을 더 이루려는 것이 우리의 본성이다. 그러나 인생의 오후에는 성공만이 아니라, 이타성이 중심이 되는 인생을 살아야 하는 것이 인생주기의 균형이다. 칼 융의 내담자들이 자신의 인생오전을 통해 많은 것들을 이루었지만 인생의 오후에 삶을 살아가야 하는 의미들이 점점 퇴색되어 가기 때문에 우울증에 시달린다고 보았다. 이러한 점에서 그는 당시 사회에서 가장 무서운 적은 장수(長壽)와 무의미라고 하였다. 스위스라는 천혜의 자연환경, 복지와 경제력이 뒷받침되고 있었지만 인생오후가 될수록 사람들이 살아가야 하는 명확한 목표가 없는 것이다. 인생오전에 성공과 성취라는 장밋빛 목표를 가정과 사회가 심어주었고, 그것을 위해 매진하여 중년의 어느 시점에 그것을 이루었지만 그 성공이 인생 의미를 채워 줄 수는 없었기 때문이다. 의학기술의 발전으로 인간수명이 100세를 넘어 120세까지 금

세기에 갈 수 있다는 말이 있다. 건강하게 오래 사는 것은 중요한 목표 중의 하나다. 그러나 장수는 진행이 되고 있는데, 왜 우리가 살아가는지, 무엇을 위해 살아가는지에 대한 가치관이 없다면, 칼 융의 말처럼 장수는 재앙이 될 수 있다.

사람들은 인생오전의 목표를 위해 자신들이 천성적으로 잘할 수 있는 것을 포기해 가며 경쟁적인 사회에 맞춰 성공하기 쉬운 목표를 세우고 살았다. 그러나 무엇을 한 것은 같지만, 자신의 마음 깊숙한 곳에 선택한 일이 아닌, 외부의 조건과 환경에 의해 결정된 것이고, 성공과 성취는 오늘도 쉼 없이 계속 한 곳을 향하고, 되풀이되는 성공에 대한 권태를 갖게 된다.

나는 지금까지 내가 원하는 대로 한 번도 살지 못했다는 생각에 회한이 밀물처럼 밀려든다. 고등학교 시절 미술을 좋아하고, 그림을 잘 그려 상도 여러 번 탔던 나는 대학에서 회화를 전공하고 싶었다. 그러나 당시 서울의 최고 명문 고교를 다니면서 미대에 진학한다는 것은 가족과 주위 사람들에게 눈총 받을 일이라 제대로 말도 꺼내 보지 못하고 포기하고 말았다. 사회에 진출한 뒤에는 아내의 요구대로 자식들을 잘 키워야 한다는 강박관념으로 개미같이 일만 해왔다. 내 인생인데 나는 내 뜻대로 살지 못했다. 너무 비참하다.[4]

성공과 성취를 신경증적 불안 속에서 매진한다는 것은 어떤 것일까? 옆 사람과 앞 사람, 주변에 있는 사람들을 생각해 보지도 않고 나 혼자 정상에 빨리 오르려는 것은 사람들에게 어떤 영향을 미칠 수 있을까? 필자는 이러한 경쟁방식이 우리 사회와 구성원들에게 극한 불안감을 더해 주고 있지나 않은가 하는 생각을 해본다. 심리학자 에릭슨은 아동들이 장난감을 가지고 노는 놀이기(3~6세)에, 또래집단과 함께 어울리면서 남을 '배려'하는 양식을 배워야 한다고 했다. 그 이유는 남을 배려하지 않고 자기 혼자만 장난감을 가지고 놀 때, 잘못하면 남의 영역을 침범할 수 있기 때문에 이 놀이에는 남을 배려하고, 때로는 놀이를 위해서 '협상'을 해야 한다고 생각했다. 배려는 진정한 리더가 되는 밑거름이다. 남을 배려하는 것을 배우지 못하면 보이는 모든 것은 자신이 가져야 한다는 '탐욕' 정신으로 가득 차는 반면, 남을 배려하는 사람은 보이는 것에 대한 탐욕이 아니라, 이것은 어디에 쓰이는 것이지라는 '탐구' 정신이 발달한다고 본다.[5]

중년기에 인생이 권태와 무료로 가득 차 무의미해지는 이유 중의 하나는 이제까지 인생을 살아가는 것이 '탐구'가 아니라 '탐욕'의 대상으로 삼았기 때문이다. 살아간다는 것은 탐욕의 대상이 아니라, 탐구의 대상이기 때문이다. 탐욕으로 인생을 정신없이 성취와 성공으로 살아가는 사람들에게는 주변이 보이지 않는다. 이웃들이 어떠한 처지에 있는지를 잘 알지 못하고, 알려고 하는 마음도 없을 것이다. 오로지 자신이 목표한 것을 이루기 위해 정신없이 달려가는 것이다. 이렇게 해서 소위 사회에서 말하는 성공을 성취한 사람은 자신의 힘으로 성공과 성취를 이루었다는 생각을 하게 된다.

심리학자 아들러는 자신만을 아는 성공을 병리적 성공(pathological success)이라고 말했다. 병든 성공이라는 것은 성공은 결코 혼자만의 힘으로 되는 것이 아니라는 의미다. 100명 중에 1등을 한 것은 99명이라는 사람이 있었기 때문이고, 자신의 1등을 사회 맥락 안에서 생각하는 사람이 배려의 마음을 가진 정신적으로 건강한 사람이다. 이런 생각을 하게 되면 자신의 성공을 사회의 그늘진 곳에 환원하려는 마음을 가지게 될 것이다. 그래서 성공과 성취는 공동체 안에서 이루어져야 하는 것이다.

우리 사회에 매우 빈번하게 병리적이고 엽기적인 사건들이 하루가 멀다 하고 발생하는 이유는 성공과 성취에 대한 강요, 그리고 이 성공과 성취를 이루는 방법에 대한 다양성보다는 획일적 구조 때문일 것이다. 그리고 이 성공과 성취를 경험하지 못하면 무능력자라는 의식이 팽배하기 때문이다. 고난과 실패가 인생에 당연히 있을 수밖에 없는 과정이지만, 실패와 고난이 마치 모든 것의 끝인 것처럼 여기는 사회와 가정 구조의 문제다. 이 구조에서 발버둥치면서 이루는 사람들도 있겠지만, 이 구조 속에서 자포자기하거나 사람과 구조에 대한 원망과 저주를 품는 사람도 있을 것이다. 이 구조 속에서 중년기에 나름대로 성공과 성취를 얻었다 하더라도 '배려'에 대한 정신 없이 '탐욕'이 더 친숙해서 성공을 사회의 선한 구조를 위해 사용할 여력이 없으니 적나라한 약육강식의 구조다. 그래서 요사이 '흙수저' 혹은 '금수저'에 대한 말이 자주 등장하는 것이라 생각한다.

남을 배려할 수 있고, 사회 구조 속에서 자신과 타인을 보면서 경험하는 성공은 중년에 사람과 개인을 좀 더 배려 있는 차원에서 볼 수 있다. 그래서 중년에는 자신들이 주관적으로 설정한 성공을 경험하는 것이 다음 단계로 나갈 수 있는 중요한 요소이다. 그러나 이 설정한 목표들이 좌절이 되거나, 탐욕 가운데 계속 무엇인가를 자기중심적으로 채워야 하는 구조에서는 이타성 단계로 갈 수 있는 힘이 약하다.

P는 몸이 약했지만 매사에 주어진 일을 매우 적극적으로 하는 사람이었다. 그는 주변 사람들에게 업무 수행에 대한 칭찬을 자주 받는다. 그러나 정작 그는 그런 칭찬이 부담스럽기만

하고 맘에 와 닿지를 않는다. 무엇이 문제였을까? 일에 미치고 완벽에 가까울 정도로 매사를 처리하기 때문에 실적은 좋을 수밖에 없고, 어쩌면 결과에 대한 칭찬도 당연한 것이지만, 왜 이 자연스러운 것이 마음에 와 닿지 않을까? 그는 스스로를 완벽주의자라고 한다. 일에 꽂히면 끝장을 봐야 하고, 좀 더 완벽한 것을 만들어 내야 하고, 남들이 완벽한 작품이라고 말해도 자신의 성에 안 차면 진정성 있게 안 들린다. 과도한 콤플렉스에서 시작한 완벽이고, P가 자신의 과거 성장과정의 일들을 기억하기 싫고 자신에게서 떨쳐버리고 싶은 시간이었기 때문이다. 그는 성장과정에서 부모로부터 정서적으로 돌봄을 받지 못했던 것, 학업에 대한 방치, 그리고 병약한 몸을 가지고 있음에도 무관심한 부모로 인해 악화되어 학교 수업을 따라가지 못해 열등생으로 남아 있었다는 것이 가장 큰 콤플렉스였다. 이런 어두운 그림자를 의식적인 생활에서 인식하지 못하고 있다가 동료나 집안의 배우자가 이 열등의식을 건드리는 발언이나 표정을 보이면 그날은 폭발하는 날이 된다. 자신 안에 분노에 찬 무서운 동물이 살고 있다는 것을 느끼는 것이다. 그래서 이런 일이 한 번 발생하게 되면, 없더라도 자기가 해야 할 일에 묻혀서 잘해야 한다는 강박 내지는 완벽에 시달리게 되어 집안 구성원, 특별히 배우자에 대한 배려를 할 수가 없게 되었다.

P가 중년기까지 살아오면서 무시하거나 소홀히 하였던 부분은 자신의 어린 시절의 콤플렉스였다. 생각하기도 싫고, 그것은 나를 열등하게 만든 원수이고 부모도 형제도 다 직면하기 싫은 대상이었다. 자신의 과거로부터 단절되어 사는 사람은 불안이 없어지는 것이 아니면, 숨어 있고 이것이 자신을 현재에서 더 그럴듯한 인간으로 살아가도록 종용한다. 콤플렉스가 드러나는 것이 두려워 그것을 극도로 감추려고 포장하는 내가 된다. 포장이 잘 되었지만 그러나 삶에 즐거움과 행복이 상실된 채 살아가는 껍데기에 지나지 않는다. P는 자신이 그토록 피하고 싶고 대면하기 싫은 자신의 콤플렉스의 근원이 되는 과거를 다시 재조명해야 했다. 콤플렉스 가운데 심하게 곡해된 편견과 집착의 구조를 들여다보아야 했다. 그리고 자신이 보는 관점 외에 또 다른 관점들이 있을 수 있다는 사실도 수용해야 한다. 부모와 형제 간의 사회적 상황과 여건들을 재해석해야 그곳으로부터 현재를 살아갈 수 있는 자신만의 고유한 힘을 얻게 된다.

정신없이 인생오전 원칙인 성공과 성취를 위해 달려온 세상살이다. 그리고 성공과 성취가 눈앞에 있거나 손안에 있는 이들도 있을 것이다. 그러나 인생오후의 원칙은 성공과 성취만으로는 살 수 없다. 어쩌면 사람에게 죽음이라는 한계나 제한이 없다면 성공과 성취라는 시나리오는 바람직한 것으로 보일 수 있다. 그러나 인생오후의 삶의 원리라는 것은 성공과 성취 구조만을 위해 살아가는 사람들에게는 자신의 의지대로 가족관계, 대인관계 그리고 마음세계가 돌아가지 않기에 충격을 받는다. 그래서 성공과 성취에 익숙하고 친밀하게 지낸 사람들이 인생오후에 들어서서 뜻대로 되지 않는 것으로 인해 소위 '성공 증후군'을 가지게 되는데, 이것은 뜻대로 안 되면 인생을 포기하는 것을 말한다.

인생오전에 성공과 성취를 맛보고, 자신이 원하는 대로 성취한 사람들은 가족 구성원이나 주변 사람들이 성공과 성취를 하지 못하는 것을 이상하게 생각할 수 있다. 그들은 마음먹은 대로, 노력하는 대로 대가를 받은 사람들이기 때문에, 잘 못하거나 안 되는 사람들을 이해하기 힘들다. 그러다가 정작 자신들이 인생의 오후에서 하나둘씩, 포기하는 상황이 되면 자신을 용납하기 힘들어하는 것이다.

한 지방의 유지였으며, 딸을 둔 재력가가 있었다. 그는 자신이 목표하고 노력한 것들을 젊은 시절부터 노년에 이르기까지 결실로 받았다. 탄탄한 명성과 재산을 가지고 있었다. 그래서 자신의 마음에 들고 조건에 맞는 사윗감을 골라 딸들을 결혼시켰다. 그러나 막내딸은 아버지가 원하는 남자를 선택하지 않았고, 자신의 의지와 맞는 사람과 결혼을 원했기 때문에 들어줄 수밖에 없었다. 이들 내외는 이웃을 위한 비영리단체에서 활동하는 직업으로 살아갔다. 그러다 보니 자연히 아버지가 원하는 사회적 명성이나 부와 직결되는 것이 아니어서 아버지는 이것이 늘 불만이었다. 아버지는 명절에 이 막내 내외를 볼 때마다, 자신들의 앞날도 제대로 못 챙기면서 이웃사랑이니 하며 비영리단체에서 자신들을 희생하며 살아간다며 딸 내외에게 핀잔을 주곤 했다. 그러나 그때마다 막내딸 부부는 우리가 좋아서 하는 일이라고 말하곤 했다. 그러던 어느 날 몸이 좋지 않아 병원에 입원하게 되었고 암 말기 판정을 받았다. 수술을 하기에 너무나 늦은 시기였기에 병실 침대 위에서 죽음을 기다리면서 자신의 인생오전과 오후를 회상하는 시간을 보내게 되었다. 그리고 자신이 이제껏 자기중심적인 성공과 성취에 익숙하고, 그러한 구조를 나이가 들어서도 가치관으로 가지고 있다는 것이 초라해 보였다. 죽음 앞에서 그 모든 것은 아무것도 아니었기 때문이다. 마치 자신이 살아온 세월이 거짓된 가치와 성공을 위해 산 것만 같았다. 이제서야 자신이 그토록 타박하고 핀잔을 준 딸 내외의 일이 비록 세상에서 말하는 성공과 성취의 길은 아니었지만, 보람되고 의미 있는 일 중의 하나임을 깨닫고 마지막 유언을 남겼다. "나는 인생의 참된 가치를 죽음의 병상에서야 느꼈지만, 딸 내외에는 젊은 날에 이 일을 깨닫고 실행에 옮기는 사람들이다."라는 말을 남기고 세상을 떠났다. 그래서 아마 칼 융이 아래와 같은 말을 남겼을 것 같기도 하다.

> 우리는 인생의 오후를 살면서 우리가 인생의 초반에 가졌던 진리와 이상이 여전히 인생의 오후에 적용이 될 것이라는 거짓된 추측을 가지고 있다. 인생의 오전에 위대했던 것이 오후에는 보잘 것이 없는 것이고 인생의 오전에 진실이었던 것이 인생의 오후에서는 거짓이기 때문에 우리는 인생의 오후를 오전 원칙의 프로그램을 가지고 살 수 없다.[6]

칼 융은 자신을 찾아온 중년 내담자들이 가지는 인생 무의미의 문제를 해결할 수 있는 것이 종교와 밀접한 연관이 있다고 보았다.[7] 그는 상담을 통해 35세 이상이 되는 중년들은 종교적 관점에서 대부분의 답을 찾았다고 보았다. 종교는 인간이 가진 자신의 존재 근원과 인생 끝에 대한 불안, 그리고 때로는 이 불안을 달래기 위한 관점에서 시작을 했지만, 융은 종교를 인간의 기원보다 오래된 것으로 보았다. 인류의 시작, 현재 그리고 미래까지 종교는 인류에게 영향을 미치는 요소이며, 인간 정신의 가장 기초적인 근원이 되는 요소라고 생각한다.[8] 그러나 융이 생각하는 종교는 특정한 교리에 심취했다거나 종교에 가입하여 구성원이 된 것을 의미하지는 않는다. 중년기에 의미를 회복하고 이타적인 인간으로 살아가는 데 종교 역할은 매우 중요하지만, 종교적 교리에 흡취하는 것을 의미하지는 않는다. 이것은 '뜻을 알면, 문자를 버릴 수 있다.'는 말과도 같은 것이다. 우선은 마음속에 있는 종교여야 하며, 생활 속에 있는 종교가 무의미의 문제를 해결할 수 있다는 것이다.

이탈리아의 한 대학에는 '그리고 그 이후는 영생입니다.'라는 말이 법정대학 식당에 새겨져 있다. 이것은 법대 졸업식에 가톨릭 성직자가 참석했다가 졸업생과 나눈 대담에서 시작되었다. 한 졸업생을 만난 신부는 그에게 졸업 후의 계획을 물어보았다. 그는 취직에 대한 관심을 이야기했고, 그다음은 결혼이었다. 신부가 그 이후의 계획을 묻자, 자녀를 낳아 행복하게 사는 것, 좋은 집으로 이사 가는 것, 직장에서 승진해서 더 많은 연봉을 받는 것이라고 답했다. 그다음 계획을 묻자, 은퇴 후 아내와 여행을 다니는 것, 노년이 되어 양로원에 들어가는 것이라고 말했다. 그러나 양로원에 들어가 죽음을 맞이하는 것에서는 두려움이 있어 주춤하자, 신부는 죽음 이후에는 영생이 있다는 말을 건네주었다. 이 말은 평생 그의 삶에 영향을 주었고, 졸업 후 성공을 거둔 이후에 신부와 나눈 이 말에 감사해서 모교에 식당 설립금을 기부하며 이 팻말을 단 것이다.

융은 유럽 여러 나라에 거주하는 사람들을 대상으로 만일 당신이 인생의 문제를 가지고 있는데 상담을 하고 싶은 사람은 누구인가라는 조사를 해보았다. 이들이 대부분 선호하는 사람은 전문 상담가였고 성직자를 찾아가겠다는 비율은 상대적으로 낮게 나왔다. 이들이 전문 종교인들을 찾아가기를 꺼리는 가장 큰 원인은 성직자들은 대부분 상담이나 인생문제의 답을 교리중심으로 해석하여 말해 주기 때문이라고 했다. 종교에서 형식과 구조는 필요한 것이지만, 형식과 틀에 얽매여 사람을 보지 못하는 것이라면 사람을 살리는 종교는 아니다. 소위 문자가 사람을 죽이는 경우가 이런 경우다. 뜻을 알지 못하는 종교나 종교인은 문자중심적 사고와 종교 생활에 빠지게 되고, 영혼 없는 종교 생활을 할 수 있고, 심해지면 종교의 가면을 쓴 마성(魔性)을 가지게 되기도 한다.

인생의 오후에 다다를수록 종교는 인간과 더 밀접한 관계를 갖는다. 그러나 인생오후가 내리막길로 더 내려갈수록 인간의 가중된 불안으로 인해 종교를 갖게 되는 것은 어쩌면 자신의 불안을 달래기 위한 환영(illusion)의 역할밖에 못할 가능성이 크다. 그렇게 되면 사람이 창조자의 인생 법칙에 귀를 기울이는 것이 아니라, 자신의 불안 구조에 창조자를 집어 넣어 자신이 군림하는 종교로 전락하게 될 것이다.

인간의 전통이 파괴된다 하여도 절대자를 향한 인간의 향수병은 파괴되지 않고 질문으로 떠오를 것이다. 그것은 인간의 정신 구조가 절대자를 인식하는 그릇이고 동시에 가장 근본적인 구조를 가지고 있기 때문이다. 그래서 칼 융은 사람이 신의 형상을 구함으로써 자신들의 삶의 의미를 찾으려는 의지는 사랑의 정열보다 더 강한 목마름이라고 했다.[9] 이런 목마름으로 인생의 오후에 절대자의 관계 속에서의 의미 추구는 중년에 필요한 수업이 될 것이다.

> 어떤 사람도 현재를 멈추고 자신을 생각하지 않고는 깊은 심연과 같은 차원의 경험을 할 수 없다. 일시적이고 한시적인 관심들이 얼마나 중요하고, 가치 있고, 흥미로운 것인가에 관계없이 (사람의 마음이) 잔잔해지지 않는 한 궁극적 관심에 대한 것은 들을 수 없다. 이것이 우리 시대에 깊은 차원의 상실 중에서도 제일 깊고, 가장 근본적이고 거시적 의미에 있어서 종교의 상실이다.[10]

중년의 어느 시점에서 우리는 지금까지 걸어온 길을 멈추고 하늘과 시간과 공간 속에 자리하고 있는 자연과 사람을 바라보는 시간을 가져야 한다. 그리고 우리가 지금까지 걸어온 길이 어떤 길인가를 되돌아보는 멈춤의 시간이 필요하다. 되풀이되는 일상의 분주와 소유욕을 내려놓고 내가 걸어가는 길에 대한 질문을 위해 멈춤의 공간과 시간이 요구되는 시간이다.

소홀히 했던 목소리를 찾아가는 길

자신에 대한 정체성 물음과 인생에 대한 물음이 부쩍 많아지는 중년에 과연 어떻게 살아가는 것이 남은 인생을 보람 있게 보낼 수 있는 것일까? 중년은 더 이상 젊지도 않지만, 그렇다고 아주 나이가 들지도 않았다. 하지만 젊음은 더 이상 나에게 돌아오지 않는다는 것과 나이가 들어가는 세계에 진입을 한다는 사실에 놓여 있다. 나이 듦에 대해 혐오까지는 아니지만, 끊임없이 자신이 젊어져야 한다는 강박증에 빠지는 것은 자신의 콤플렉스를 더 조장시키는 일이 될 수 있기 때문에 결국은 의미 있는 중년기를 보내기 어렵다.

젊음의 의미는 생동성, 성장, 영웅이다. 그러나 중년은 취약성, 시듦, 그리고 허무의 선을 타고 서 있다는 것이다. 그리고 나이 듦에 대한 부정적인 상이 중년의 짐을 더 무겁게 한다. 그렇다고 중년이 이미 늙은 것처럼 죽음의 그림자 안에서 시간을 보내는 것도 괴로운 것이다. 역으로 마치 중년이 젊은 것처럼 젊음의 그림자 안에 사는 것도 자신을 패배시키는 환영이다.[11]

미국의 중년들을 대상으로 한 조사에서 레빈슨은 80%의 미국인들이 중년 위기를 겪으며 다음과 같은 공통적인 질문을 한다고 하였다.

> 지금까지 살면서 나는 무엇을 하였는가? 나는 배우자에게, 아이들에게, 친구, 그리고 사회에 무엇을 주었으며, 나는 그들로부터 무엇을 받았는가? 나에게 있는 최고의 재능은 어떤 것이고, 이것을 잘 사용하였는가? 내 인생의 꿈을 위해 그동안 무엇을 하였고, 지금은 그 꿈을 위해 무엇을 가장 원하는가?[12]

그렇다면 긍정적인 중년기를 어떻게 보낼 수 있을까? 중년기 개인들의 상황은 개인마다 다를 수밖에 없지만, 우리가 지향해야 할 중년기의 정신적인 원칙은 이제껏 소홀했던 분야에 관심을 기울이는 것이다. 소홀했던 분야의 핵심은 가족(사람)과 자연이다. 우리가 그동안 익숙한 구조 가운데 가지고 있었던 것은 일부는 맞을 수 있지만, 일부는 편견 속에 가둬 놓은 것이 많기 때문이다. 이 숨겨진, 때로는 거들떠 보지도 않은 분야를 내 생활과 가치관 속으로 들어오도록 마음을 열어두는 것이 필요하다. 이유는 중년기부터 노년에 이르기까지, 그리고 그 이후의 세계에 대하여 우리가 마음으로 준비해야 하기 때문이다.

우리나라에도 벼룩시장이 있듯이, 미국에는 가정에서 파는 중고물품 세일(Garage Sale)이라는 것이 있다. 오래전 필자가 아내와 함께 방문한 개인 집은 4층짜리 건물이었다. 넓은 초원과 지하 1층과 지상 3층으로 이루어진 곳이었다. 지하부터 지상 3층까지 3대에 걸친 많은 물건들이 즐비하게 전시되어 있었다. 엔티크 가구에서부터, 갑옷, 오래된 피아노 등 정말 많은 물품이 전층에 모두 다 전시되어 있는 상태로 구입하러 오는 사람들을 맞이하고 있었다. 물건이 너무 많아 주인이 누구인지 물어보았다. 집의 주인은 노파였다. 몇 년 전에 남편과 사별하고 나서, 오래전에 힘들여서 구입한 집이며 남편과 함께 애정을 쏟고 그 안에서 자녀들을 기른 집이지만 이 모든 것들을 평생 가지고 있을 수가 없었기 때문에 필요한 이웃들에게 판매를 하는 것이었다. 많은 가재도구 중 자신이 옮기는 단출한 집에 반드시 있어야 할 것만을 가지고 가고, 나머지는 모두 내놓은 것이다. 주택에서 방 2개짜리 집으로 옮긴 후, 병이 들면 요양원으로 가고, 거기서 임종을 맞이할 계획이었던 것이다. 그녀는 이렇게 자신의 젊은 날부터 집안에 쌓인 물건 하나하나 정리를 하는 중이었다.

우리와는 규모적인 면에서 차이는 있지만, 이제 우리도 삶과 죽음의 비슷한 절차를 따라가는 사회구조가 되었다. 가지고 소유하려고만 하는 성공과 성취의 방식은 노년의 어느 시점에서 끝이 나거나, 포기를 해야 한다. 그래서 레빈슨은 중년기의 문제를 해결하기 위한 몇 가지를 제시하는데, 그중의 하나가 '애착과 분리'다. 애지중지했던 자녀도 그리고 어떤 소유물이라도 이 중년시기부터는 자신으로부터 조금씩 분리를 해나가야 한다. 자녀도 자신의 손안에서 간섭하거나 조정하려는 애착에서 벗어나, 자신들만의 세계에서 주관적으로 살 수 있도록 부모로부터 분리시켜야 한다. 그리고 소유했던 것들로부터도 분리를 해야 한다. 죽음이라는 마지막 그날이 우리에게 오기 전에, 우리의 인생이 집착으로부터 헤어 나와 비로소 자유로운 세계에서 최소한의 것만으로 인생과 삶을 노래할 수 있는 지경으로 갈 수 있도록 해야 한다.

소유함으로써 인생의 가치와 의미를 부여하려는 풍토는 아동기 때부터 경쟁 체계에서 익숙하게 들어왔던 것이고, 소비가 미덕이고 소비와 소유를 통해서 자신의 의미를 찾으려는 문화의 영향 때문일 것이다. 우리 모두는 이러한 구조에 익숙하기 때문에, 혹 이것으로부터 조금이라도 벗어나면 불안하다. 그렇다고 이 익숙함을 계속 가지고 있다고 해서 인생 본질의 의미를 가진 것은 아니다. 소비와 소유는 가질수록 충족되는 것이 아니라, 더 갈망하여 그 이상의 것을 가지려고 하기 때문에 정신세계가 더 피폐해지는 것이다.

> 현대인들의 소외 현상 중의 하나는 무의미가 팽배하다는 것이다. 정신치료를 원하는 많은 내담자들은 특정하게 규정된 분열증상으로 온 것이 아니라, 인생에 의미를 갖지 못하기 때문이다. 깊은 관찰력을 가진 상담자라면 이런 내담자들이 불만족스러운 아동기만이 아니라, 중심 문화의 변화에 의해 발생하는 급변화로 인해 혼란을 경험하고 있다는 사실을 부인할 수 없을 것이다.[13]

간혹 노인성 치매에 대한 생각을 해본다. 치매는 우리의 현재 기억과 과거의 기억이 서서히 없어지는 병이다. 그런데 우리가 이 모든 기억을 우리 안에 가지고 있다면, 그리고 그 기억을 통해서 연관된 모든 사랑과 관계성을 져버리고 어떻게 이 세상을 떠날 수 있을까 생각해 본다. 그래서 때로는 치매를 통해 모든 것을 서서히 하나둘씩 잊어버려 떠날 때 조금은 편하게 다른 세상으로 가는 것이 아닐까 하는 생각이 든다.

애착과 분리에 해당되는 또 하나의 사항은 '시간과 공간'의 개념이다. 시간은 과거, 현재 그리고 미래를 이루면서 인생 구조를 짜고 있고, 공간은 그 시간 안에서 사람들이 사회적 공간이나 물리적 공간을 가지고 더 확대하기 위해서 살아간다. 시간이 제공하는 공간 안에서 우리는 청년 시절부터 중년 이후의 시간까지 사회적 위치라는 공간을 차지하기 위해서 일을 한다. 그리고 사회적 공간에서 가지는 자본으로 우리가 살아가는 땅과 건물을 넓혀가는 일생을 살고 있다. 거주 평수를 조금씩 늘려가고, 그것을 통해서 만족을 얻고, 사회적 공간에서 사회적 지위를 더 얻어가면서 자긍심을 높이기도 한다. 이 모든 것이 사람들이 살아가는 데 애착의 대상이긴 하지만, 우리는 이것들로부터 언젠가는 분리를 해야 한다. 이 시간과 공간이 우리에게 영원한 자리와 공간을 허락하지 않기 때문이다.

어린 시절 석필을 가지고 '땅따먹기' 놀이를 하던 때가 있었다. 마땅한 놀이를 할 수 있는 장난감이 많지 않던 시절에, 나는 동네 아이들과 함께 석필을 가지고 땅따먹기를 놀이를 했다. 자신의 돌을 땅바닥 출발점에 두고, 손가락으로 세 번을 쳐서 다시 출발점으로 들어오면 돌의 움직임을 따라 석필을 사용해 비포장도로에 선을 긋고, 그것이 나의 땅이 되는 것이다. 이 놀이는 결국 어느 누가 얼마나 많은 땅을 확보하느냐에 의해 승자가 결정이 되는 게임이다. 이렇게 땅따먹기 놀이를 해가 지는 줄 모르고 집중하고 있으면, 어머니가 해가 져서 어둑한 저녁에도 들어오지 않는 아이를 찾아서 이제 그만 놀고 집으로 들어오라고 한다. 대부분 아이들이 "엄마 조금만 더 놀고 갈게요."라고 답을 하고 놀이에 몰두하지만, 정말 어둠이 사방에 내리면 더 이상 놀 수가 없어 모든 것을 그대로 둔 채로 집으로 들어간다. 내가 딴 땅, 우리 것이라 여겼던 모든 소유도 끝에는 우리의 것이 아님을 알게 되고, 다만 우리는 그 소유를 잠시 빌려 사용한 사람에 불과하다는 사실을 깨닫게 된다.

인생오후에 우리는 거부할 수 없는 시간의 흐름에 우리가 가진 유무형의 애착으로부터 조금씩은 분리되어야, 익숙한 것들로부터 이별이 있어야 새로운 세계에 대한 눈이 떠질 수 있을 것이다. 이제껏 내가 별로 관심을 두지 않았던 세계로 초대를 받을 수 있을 것이다. 종교에 관심이 없었던 사람은 종교에 조심씩 관심을 갖게 되고, 관계성에 관심이 없던 사람은 수평적 관계성의 중요성을 수용하기도 하고, 젊음만을 생각하던 사람은 나이 듦에 대한 자신을 인정하는 구조로 갈 것이다. 그래서 중년 자신이 나이 들고 있다는 사실을 인정하게 되면 세속적 의미에서 중년 위기는 더 이상 없을 것이다. 우리 사회에서 중년 위기와 연관된 일들이 발생하는 이유는 당사자들이 나이가 들어가고 있다는 사실을 부정하려는 개인과 문화 때문이다. 죽음을 부정한 문화와 인식이 강하기에 죽음을 삶의 동반자로 생각하지 않는다.

조류 중 가장 오래 사는 새는 독수리다. 한 70년가량을 산다고 한다. 웬만한 사람과 같은 긴 삶을 살아가는 새다. 그런데 독수리가 70년의 세월을 사는 동안 40세 무렵에 큰 위기가 닥친다. 40년 동안 익숙하게 사냥에 사용했던, 깃털, 부리, 발톱이 낡아서 정상적으로 사용할 수 없어 사냥을 제대로 하지 못하는 것이다. 그래서 독수리는 이 시기에 죽을 것인가 살 것인가라는 기로에 놓이게 되는데, 살기 위해서 아주 높은 돌로 만들어진 봉우리에 가서 150일간 익숙한 것들과 떨어지는 작별의식(儀式)을 시작한다. 40년간 익숙했던 것을 버리지 않으면, 독수리는 앞으로 올 30년의 생활에 적응하지 못하고 도태되어 죽음을 맞이하게 된다. 독수리가 미래 30년을 더 살려면, 익숙한 것들로부터의 이별, 아픔의 과정을 견디는 시간을 수용해야 한다. 독수리는 높은 봉우리에 올라가서 부리를 그 돌덩이에 쳐서 부리를 뽑아 버리는 의식을 한다. 더 이상 사용할 수 없는 부리, 40년간 자신에게 있었던 부리를 의도적으로 돌덩어리에 내리쳐서 뽑아 버리는 것이다. 그리고 그 부리가 다시 생성이 되면 그 새로운 부리로 자신의 낡아버린 발톱을 뽑아 버리고, 낡아서 제대로 비행할 수 없는 날개의 깃털을 뽑아 버린다. 40년간 익숙했던 모든 것을 버리는 것이다. 죽음처럼 아픈 고통이지만, 나머지 30년을 살기 위해서는 기존의 낡은 것을 뽑아야 하는 것이다. 이런 시간이 150일이 걸린다고 한다. 이렇게 독수리는 옛날처럼 사냥을 할 수 없는 자신의 정체성이 흔들리는 150일 동안의 시간을 참아야 한다. 당연히 익숙한 것을 버리니 어느 누구라도 자신의 정체성에 혼돈이 생길 것이다. 이렇게 150일간을 참으면서, 버렸던 것으로부터 새로운 깃털, 발톱과 부리가 생성되어 제2의 나머지 30년을 살아가는 것이다.

　중년은 이제껏 익숙해졌던 모든 것들로부터 익숙하지 않는 새로운 세계로 초대를 받는 시기다. 익숙한 것을 버리지 못하면 자신을 볼 수 없는 것이요, 인생의 의미를 제대로 알지 못하는 것이 될 것이다. 자기생각과 관점만은 가지고 있기 때문이다. 새롭게 시작하는 나머지 세월의 보람과 자신의 의미를 위해 신세계의 초대가 부르고 있다. 선천적으로 내가 좋아하는 것이기 때문에 자연히 길이 열려 관심을 갖게 된 그 익숙함은 좋은 것이라 생각된다. 그러나 익숙했던 것이 콤플렉스에 대한 반발심리로 발생한 것이라면 그 익숙한 것은 중년 이후에 자신을 더 괴롭힐 것이다.

"나는 30대에 정말 열심히 일해 성공이 눈앞에 있구나 생각하기도 했다. 그러나 언제나 가슴 한구석이 허전했다. 과연 이것이 진정한 성공인가에 대한 회의감 같은 것이었다. 기독교를 모태신앙으로 가지고 있던 나는 어느 날 예배를 드리다가 거듭남을 통해 진정한 성공을 구하기로 결심하고 선교사의 길로 나서게 되었다." (그는) 세속의 모든 것을 버린 채 파키스탄으로 떠났고, 지금은 파키스탄의 빈민촌 사람들을 섬기는 기쁨으로 마음이 항상 뿌듯하다고 한다. 이 일이 세속에서 많은 돈을 버는 일보다 더 기쁜 일일 줄은 예전에 미처 몰랐다는 것이다. 4년여의 세월을 이국에서 보내면서 흙먼지 바람에 어느새 머리가 셌지만 한줌의 후회도 없다고 한다. 있다면 단 하나 "왜 새 삶의 시작이 이리 늦었는가?" 하는 것뿐.[14]

중년기에 우리가 소홀히 하거나 간과한 것에 관심을 가져야하는 이유는 가장 자연스러운 인간이 되기 위함이다. 성공과 성취만의 삶의 방식, 과도한 경쟁에서 오는 극도의 피로 사회, 피도 눈물도 없는 것 같은 정글 같은 약육강식의 틀 속의 불안 사회, 그래서 우리가 목표를 이루었다 하더라도 이미 자연스러운 사람은 아니다. 동물적 육체만으로 우리의 인생을 마치는 것은 사람으로 사는 것이 아니다. 성공이나 목표 달성의 꼬리에는 늘 부자연스러움이 있다. 그것은 순전히 동물적 육체의 발상에 의존했기 때문이다. 이제 중년기에 상징적 자기를 찾고 또 만들기 위해 중년의 시기에 균형을 맞추어야 할 때이다. 그래서 정치, 문화를 비롯해서 교육, 종교 등의 가장 큰 목적은 구성원들을 가장 자연스러운 인간으로 살아가도록 돕는 구조를 만드는 것이다.

중년, 기억되어야 할 사람으로

콤플렉스와 같은 열등감에서 벗어나 좀 더 자유로운 한 인간으로서 살아가기 위해서는 가족 환경만이 아니라, 우리 사회환경이 구성원들을 과도한 열등감에 들지 않도록 하는 틀을 제공해 줘야 한다. 국민을 둘러싼 사회 환경이 너무 과도한 열등감에 살지 않도록 마련되어야 하고, 이 일환 중의 하나는 중년 개인이 가진 유무형의 것들이 어느 한곳에 편중되지 않고 사회 구성원들에게 환원되는 것이어야 할 것이다. 예를 들어 부의 편중이 개인의 행복도를 높일 것 같지만 오히려 개인을 더 불행하게 할 수 있으며, 역시 공동체의 행복도를 낮추는 것과 같은 원리다.

중년기를 지내면서 최고의 목적은 사람이 좀 더 이타적인 인간이 되는 것과 혹 자신이 목표한 인생의 목적을 이루었다면 그것이 혼자의 것이 아니라 모두가 사는 사회 안에서 이루어졌다는 사회적 책임을 가지는 것이다. 심리학자 에릭슨은 중년기에 성숙성을 가지는 사람이 가지는 특성을 '돌봄'이라고 했고, 칼 융도 중년기에 자신을 찾아가는 개성화(individuation)의 결실은 이타적인 인간이 되는 것이라고 하였다. 유교에서도 중년기 50세를 '지천명'(知天命, Mandate of Heaven)이라 했고, 성숙된 사람을 '군자(君子)'라고 표현했다. 그리고 이 군자가 가지는 대표적인 특성을 '양심'과 '이타성'이라고 보았다.[15]

> 이 고상한 군자는 자신의 이익, 아집, 고집을 포기하였고 개인적으로 가지고 있는 자랑도 자신의 이익을 위해서가 아니라 하늘의 뜻을 위해서 따른다. 이러한 사람은 바로 한 인간으로서의 결실이다. 그는 인간에 있어서 정상에 있는 인간이며, 거룩한 그릇이다.[16]

성스러운 그릇으로 대표되는 이타성을 가진 중년은 인간이 가야 할 길이다. 그리고 이타성은 신의 한 수다. 중년, 삶의 역동과 쇠퇴의 중간에 서서 이타성이라는 결정은 동물적 육체와 상징적 자기 사이의 번민에서 선택한 길이다. 그는 살려고 하면 죽고, 죽고자 하면 산다는 이타성의 본질을 아는 사람이다. 그리고 이타성은 중년에 자신을 열어줄 또 다른 세계의 신비로의 초대이다. 또한 내가 기억되고, 그 정신이 편만해지는 인류애일 것이다.

중년에 좀 더 이타적인 인간이 되기 위해서 필요한 것은 무엇일까? 이타적인 인간은 종교와 교리에 얽매이지 않지만 종교성을 가진 인간이기도 하다. 이들은 이 종교적인 이타성을 가지고 중년의 의미를 만들어 나간다. 원칙적으로 이야기하면 이타적인 인간으로 성숙하기 위해서는 우선 자신에 대한 만족도를 가져야 한다. 그리고 자신에 대한 만족도를 갖기 위해서 중년 자신이 주관적으로 설정한 목표들을 경험하고 성취하는 것을 가져야 한다. 자신의 손이 비어 있는데 자신이 가진 소유를 내려놓을 수 있는 사람은 그리 많지 않다. 그래서 우리가 이 세상에 존재하는 의미를 좀 더 가지기 위해 우리 자신을 발전시킬 필요가 있다. 그리고 이 발전을 통한 성취가 달성이 되면, 그것을 내려놓을 수 있는 단계가 온다. 다음 단계의 존재로 살아가기 위해 우리의 소유를 내려놓아야 하는 수순이 있을 수 있기 때문이다. 그래서 이 단계 이전에 자신을 발전시키는 단계가 필요하다.[17]

고대 사회에서 성군이나 성왕의 의미는 자신의 힘을 세 가지로 사용하는 사람이었다. 즉, 변형자, 구조자, 구원자였다. 구원자는 힘이 있기 때문에 유무형의 것들을 필요로 하는 사람에게 제공할 수 있는 사회적 위치와 능력을 가지고 있는 사람이다. 도움을 필요로 하는 사람에게 베풀수 있는 사람이다. 구조자는 힘이 있기 때문에 구조를 바르게 짠다는 것이다. 국가 권력과 정치가가 사회 구조를 어떻게 짜는가에 따라 국민들에게 미치는 영향이 크다. 사사로운 집단과 개인의 이기에 의해 구조가 변형이 된다. 그래서 이 구조를 사사로운 목적에서 출발하는 것이 아니라 공적인 목적에서 바르게 함으로써 그 구조 안에서 살아가는 사람들에게 좀 더 의미 있는 인생살이를 제공해 줄 수 있다. 변형자는 악을 선하게 변형시킬 수 있는 위치에 있다. 그래서 악한 것이 더 이상 활개를 치지 못하게 하고, 또 그것을 선하게 변형시키는 것이다.

중년은 인생의 어느 단계보다 유무형의 힘을 가지는 시기이기도 하다. 권력만큼의 힘은 아니더라도 인생오전을 거치고 인생오후의 의미를 파악하는 중년은 가정과 사회에 여러 가지로 변형, 구조 그리고 구원을 제공할 수 있는 힘을 갖춘 층이다. 젊지도 늙지도 않은 입장에서 세대 간의 가교역할을 할 수도 있고, 선과 악이 섞여 있는 세상에서 분명한 판단으로 명확하게 해줄 수 있는 사람들이다.

필자의 지도교수이며 융학파 분석가인 로버트 모어(Robert Moore), 교수는 사람이 가지는 정신구조를 네 가지로 보았다. 왕(King), 여성의 경우는 여왕(Queen), 전사(Warrior), 마술가(Magician), 연인(Lover). 이 네 가지는 인간 정신의 원형을 이루고 있는 보편적인 정신이다. 그런데 이 네 가지는 어떻게 사용하고 어떻게 훈련 받았는가에 따라 그 원형이 살아가면서 잘 발휘되기도 하고, 다른 한편에서는 이 네 가지의 마성적인 힘이 잘못 발휘되기도 한다. 사람은 누구나 성공을 꿈꾸는 것처럼, 힘을 행사할 수 있는 '왕'에 대한 소망이 있다. 일종에 자신이 꿈꾸는 사회적 성공이 왕으로 표현되는 것이다. 그러나 이것을 이루는 사람이 있는 반면, 잘못하면 자신이 달성한 왕의 지위를 폭군처럼 행사할 수도 있다. 결국 성공이 자신을 망치는 것이고, 풍요가 타락으로 치닫고, 가정을 해체시키는 경우가 될 것이다.

전사는 선과 악에 대한 심판자이다. 정의와 불의에 대한 판단자이며 해결사가 되어서 사회의 바름을 세워 나가는 사람이다. 자신을 희생해 가면서 지켜야 할 중요한 사회적 가치를 지켜나가는 사람이지만, 이 힘이 반대로 이용되면 세상에 피해를 입히는 마피아와 같은 무리가 되는 것이다. 힘은 같은 양을 사용하지만 사용되는 용도는 정반대의 길을 걷고 있다. 마술가는 사람이 가진 재미있는 것을 추구하는 본능이 있다는 것을 의미한다. 신비하고 현실을 뛰어넘는 놀라운 쇼와 같이 마술은 사람들에게 흥미와 삶의 재미를 더해 줄 수 있는 유쾌함이 있다. 그리고 이것이 인간이 가진 본능이며 가정과 개인에게 있어야 할 중요한 요소라고 여긴다. 그러나 이것이 반대로 나가면 이 마술의 능력은 사람을 속이는 사기꾼으로 전락하게 할 수 있다. 연인의 정신적 원형은 사랑의 감정인데, 사람은 누구나 연인과 같은 사랑하는 사람이 되고 싶고 사랑받는 사람이 되고 싶다. 그리고 그러한 감정으로 살아가고 싶은 것이 로망일 수 있다. 그러나 이 원형적 특성이 왜곡되면 그 사람은 평생 바람둥이로 살아가며, 사람들과 가족들에게 아픈 상처를 준다.

에릭슨은 '돌봄'을 제공하는 중년의 성숙성이 가진 구체적인 특성 세 가지를 말한다. 첫째는 생식성(procreativity)이다. 자녀와 후세대를 위하여 정신적으로 물질적으로 돌봄을 제공하는 것이다. 둘째는 생산성으로, 이것은 자신의 분야에서 정말 제대로 된 것을 생산하여 사용자들에게 의미를 주는 것이다. 셋째는 창의성인데, 이것은 사상, 종교, 가치관 등을 자녀들과 후세에게 남기는 것이다. 그리고 자신이 살아온 세월을 기초로 해서 유무형의 것들을 자손과 후세대를 위해 남기고, 그것들이 후세의 인생살이에 유의미한 영향을 미칠 수 있는 도구가 되길 바라는 것이다. 또한 자신의 자녀, 작품, 그리고 생각을 통해 잊혀져 가는 자신들이 남아 있는 후세들에게 '기억'되길 바라고, 그 기억을 통해 자신의 추억이 되살아나는 '향수'와 '불사성'의 마음이 서려 있는 애절함이다. 그리고 이러한 영향을 통해 개인과 인류 공동체가 더 유의미한 인생의 길을 걸어가길 바라는 마음이다.

세계 여러 국가의 중년 남성의 심리적 증상을 연구한 한 연구에 의하면, 남성들은 중년기에 들어서서 나이가 들어갈수록 사람들에 대한 정신적 보살핌과 양육에 대하여 이전의 어떤 시기보다 더 관심을 갖는 것으로 나타난다. 젊은 시절에는 외로운 전사와 같은 성향을 가지고 있었을지라도, 중년이 되어 이후의 가치관은 생명의 중요성을 강조하고, 사회의 안정을 사회적 혁명보다 더 중요하게 여겼다.

노스웨스턴대학교의 퇴임교수인 데이빗 거트만(David Gutmann)은 조지 프라이스(George Price), 윌리엄 스타이그(William

Steig), 에드워드 호퍼(Edward Hopper), 장 오귀스트 도미니크 앵그르(Jean Augusten Dominique Ingres), 이 예술가 네 명의 작품을 연구하였다. 조지 프라이스가 30~49세까지 그린 대부분의 시사만화 내용은 경쟁과 성취로 가득 차 있었다. 그러나 50세 무렵이 되면서 그는 작품의 2/3를 경쟁과 성취가 아니라, 내재적이고 정적인 내용을 주제로 그렸다. 중년기에 윌리엄 스타이그는 주된 관심이 돌봄이었는데, 그의 작품 내용은 자신의 내부에서 발생하는 여성성에 대한 고민의 흔적이 많았고, 결국 자신 내부의 핵심을 돌봄과 부드러움이라는 것을 알았다. 에드워드 호퍼는 청년 시절부터 노년기까지 화가로 활동한 사람이다. 청년 시절 그림의 주제는 기관차, 배와 같은 딱딱한 기계류에 대한 것이었던 반면, 중년 이후에는 가정 안에 자리하고 있는 물건으로 소재가 변하였다. 앵그르는 프랑스 화가였는데, 역시 젊은 시절의 그림 주제는 전쟁과 영웅에 대한 것이었지만, 중년기에 접어들면서 집안일과 연관된 것이나 여성들이 주제가 되었다. 결국 거트만의 결론은 이러한 현상은 우주적인 보편적인 현상이라는 것이다.

중년은 누군가에 의해 기억되길 원하는 불사성의 욕구가 있으며, 동시에 이왕이면 정말 필요한 사람으로 남아 있고 싶은 마음의 원형을 가지고 살아간다. 가을의 단풍이 눈에 밟히고 하늘이 더 파랗게 보이는 것은 우리가 서서히 다음 단계에서 맞이해야 할 시간의 제한성에서 오는 불안이 현실의 풍경을 더 확대해서 보기 때문이다. 그러나 이 불안에는 인생의 진정한 의미를 맞이하려는 '용기'가 있다

시간과 공간의 인생살이를 하면서 거주할 수 있는 공간과 활동할 수 있는 공간을 차지하기 위해 분주하게 달려왔고 그 자리를 만들었지만, 정작 내가 머물 수 있는 마음의 집은 마련하지 못한 채 마음의 집이 없이 정처 없이 살아온 것 같다. 이 마음의 집을 세우기 위해 이스라엘의 랍비는 죽기 전에 해야 할 일 세 가지를 말한다. 첫째는 책을 써서 자신의 생각과 삶을 후세에게 남기고, 둘째는 자녀를 낳아서 그들을 잘 기르고, 셋째는 나무를 심어 후세들이 계속 그것을 볼 수 있도록 하는 것이다. 사라지는 일시성 앞에서 인간의 초라함을 극복하는 대안으로 나온 것이다. 이것 역시 에릭슨이 언급한 성숙성의 의미에 가깝다.

> 인생의 오후에 해처럼 기울어지기 시작한다. 기울어진다는 것은 인생의 오전에 중요시하던 가치와 이상들이 반전된다는 것을 의미한다. 해는 그 자체가 모순 속으로 떨어지기 시작한다. 마치 햇빛이 발산되는 것 대신에 그 빛을 그려야 하

는 것과 같다. 빛과 온기가 차차 기울어지고 마침내 해는 소
멸하게 된다.[20]

　인생오전 원칙에 대한 인생오후의 반전은 중년기부터 본격
적으로 시작될 것이다. 모두가 우리가 가진 사회와 개인의 편
견을 바꾸기 위한 드라마다.

　태양의 빛과 온기가 차차 사라져서 마침내 소멸을 하는 과
정을 거치면서 자연과 영혼은 우리를 신세계로 초대한다. 마
치 태 안에 있는 아이가 느끼는 만 9개월이 되어 출생이 임박
해 오는 과정은 마치 태양의 빛과 온기가 사라져 가는 중년이
느끼는 것과 같지 않을까 하는 생각을 한다. 불안으로 가득 차
있지만 자연의 힘으로 세상 밖으로 나온 아이는 소스라쳐 울
지만 아이는 이미 다른 세상에서 빛을 보고 또 다른 제2의 인
생을 사는 것이다.

　중년이 대의(大義)를 바라보면 조금이나마 흔들리는 사사로
운 감정의 덫에서 벗어날 수 있다는 희망을 가져보면서 마지
막으로 자니 애플시드(Jonny Appleseed)의 이야기로 마무리를 하
고자 한다. 그는 미국에 실존했던 인물로 1774년에 태어나서
1845년까지 산 인물이다. 어려서 어머니와 누이를 잃은 자니
는 아버지와 함께 18세까지 사과나무가 많은 집에서 살았다.

쓸쓸한 어린 시절을 보낸 그는 성장해서 태어난 매사추세츠 주를 떠나 서부로 이동하면서 산을 개간하여 사과나무를 평생 심었다. 미국 중부까지 사과나무 심기를 계속했고, 전설에 의하면 서부까지 가면서 개간하여 사과나무를 심었다고 한다. 어린 사과나무가 수년이 지나 열매를 맺게 되자 정착민들에게 정착에 도움이 되도록 무상으로 나누어 주었다. 때로는 정착민의 자녀들이 성장해서 자니를 만나는 경우도 있었다.

지금도 미국 일리노이 주를 중심으로 하는 중부 지역에는 해마다 가을이 되면 과수원에서 사과를 따는 행사가 열린다. 20달러 정도를 지급하면 가족들이 들어가서 사과를 한 바구니씩 딸 수가 있고, 그 안에서는 마음껏 사과를 먹을 수 있다. 워낙 넓은 과수원이라 사람들이 수백 명이 들어가도 어디에 누가 있는지 잘 알 수가 없을 정도이다. 하늘 높은 청명한 가을날에 태양의 빛을 맞으면서 가족들이 사과를 따서 바구니에 담고, 또 사과를 한 입 베어 물고 해맑은 미소를 지으며 즐거운 오후 한나절을 보내는 마음은 자연에 대한 경외와 삶의 즐거움을 주는 시간이다. 그리고 따온 사과는 집에 와서 이웃과 함께 나눌 수 있는 여유와 소박한 풍요가 넘치는 기억이 된다.

이 거대한 중부 지역에 있는 대부분의 사과나무는 250년 전 황무지를 개간하여 사과밭으로 일군 자니 애플시드의 그루터기에서 시작한 것이다. 250년 전 자신이 심고 기른 사과가 후손들에게 어떻게 영향을 줄지는 알 수 없었지만 묵묵히 자신이 할 일을 했고, 정착민들을 측은히 여겨 무상으로 임대해 주면서 그의 기억과 자취는 세대를 넘어 오늘날 미국인들의 정신적 유산으로 남아 있기에 지금도 매사추세츠에서는 자니 애플시드를 기념하는 행사가 매년 열리며, 미국 전역에서 그의 업적을 기리기 위해 초등학교 교과서에 그가 한 일들이 상세히 소개되고 있다.

중년, 무엇을 가지고 어떻게 살며, 무엇을 남기고 갈 것인가라는 과제를 안고 살아간다. 이 중년의 격랑 시기는 그동안 익숙하게 살아왔던 동물적 몸의 이기성과 그 한계를 벗어나고 싶은 상징적 자기의 이타성 사이에서 줄다리기를 하고 있는 기간이다. 동물적 육체의 젊음, 활기 그리고 멋이 사라지는 것에 대한 아쉬움과 때로는 절망감도 있지만 이것은 우리가 감내해야 하는 중년기의 의식(儀式)이다. 상실과 사라짐은 당황과 분노에 가까운 한탄을 가져오기도 하지만 이것 역시 우리가 수용해야 할 정신적 고난이다. 그래서 중년기는 이제껏 익숙한 동물적 육체 구조로부터 새로운 세계인 상징적 자기의 신세계로 초청을 받게 된다. 그것은 우리의 마음, 사람, 자연, 그리고 보이지 않는 세계가 가시권으로 조금씩 들어오기 때문이다. 이런 마음을 기초로 해서 애플시드와 같이 그루터기를 남기는 사람이 많을수록 우리 사회의 구성원들과 후손들은 짧은 인생을 사과를 따러 가는 소풍처럼 여기며 살아갈 수 있을 것이다. 그리고 후세들은 우리가 그들의 부모요, 어른이었다는 것을 자랑스러워하고 우리는 후세들에게 필요로 하는 사람이 되어 이 땅을 살아갈 후손들의 기억 속에서 중요한 순간마다 다시 기억되어 영원히 다시 살아날 것이고, 그 정신의 부활을 경험하는 공동체의 사회와 문화가 될 것이라는 기대를 해본다.

미주

제1장

1) Elliott Jaques, 'Death and the Mid-life Crisis' in *International Journal of Psychoanalysis, 46.* 56.

2) Daniel Levinson, et. al., *The Seasons of a Man's Life* (New York: Ballantine Books, 1978).

3) Carl Jung, *Two Essays on Analytical Psychology*(New York: World, 1958), 193-194

4) Peter Berger, *The Homeless Mind: Modernization and Consciousness.*(New York: Vintage, 1974)

5) Daniel Levinson, The Seasons of a Man's Life.

6) Carl Jung, *Two Essays on Analytical Psychology*(New York: World, 1958), 193-194.

7) Elliott Jaques, "Death and the Mid-life Crisis", *Internationa Journal of Psychoanalysis 46,* 512.

8) Calvin Colarusoo & Robert Nemiroff, *Adult Development: A New Dimension in Psychodynamic Theory and Practive*(New York & London: Plenum Press, 1981), 5.10

9) Elliott Jaques, 46.

10) Carl Jung, Collected Works 8(Princeton, NJ: Princeton University Press, 1981), 407.

제2장

1) *Dictionary of Pastoral Care and Counseling*, s.v. "Mid-life Persons"

2) Judd Marmor, "The Crisis of Middle Age" in *Psychiatry in Transition*(New York & London: Brunner/Mazel Publishers, 1976), 71-76.

3) Nancy Mayer, *The Male Mid-life Crisis: Fresh Start After 40*(New York: Double Day & Company, 1978).

4) Murray Stein, *In Midlife: A Jungian Perspective*(Dallas, Texas: Spring Publication, 1983), 3.

5) Daniel Levinson, et. al.,*The Seasons of a Man's Life*(New York: Ballantine Books, 1978), 215.

6) 오쿠다 쇼코,『남성표류』(서울: 메디치).

7) Gail Sheehy, *New Passage* (New York: Randon House, 1995), 338.

8) Ibid., 338.

9) Daniel Levinson, op. cit., 215-216.

10) Nancy Mayer, 위의 책, 4.

11) Mary Ann Matton, *Jungian Psychology in Perspective* (New York: The Free Press, 1981), 211-212.

제3장

1) Roger Owen, *MiddleAge* (London: British Broadcasting Corporation, 1967), 60.19

2) Elliot Jaques, "TheMid-life Crisis," in *Forty*, ed. Stanely Brandes (Knoxville: The University of Tennessee Press, 1985), 21.19

3) Ibid. 19

4) Nancy Mayer, *The Mid-life Crisis: Fresh Starts After Forty* (New York: Double Day &Company,Inc., 1978), 3-4.19

5) 중앙일보(2000/8/6일 5면) 19

6) Barbara M.Newman, op. cit., 618.19

7) Donald Capps, "Pastoral Counseling for Middle Adults" in *Clinical Handbook of Pastoral Counseling*,Vol. 1. eds. Robert J. Wicks, Richard D. Parsons, and Donald Capps (New Yorkand Manwah: Paulist Press, 1993), 241.19

8) Carl Jung, *Two Essays on Analytical Psychology* (New York: World, 1958), 193-194.19

9) Carl Jung, *Collected Work*, Vol. 8. (Princeton: Princeton University Press, 1981), 390-391.20

10) Murray Stein, In *Midlife: A Jungian Perspective* (Dallas, Texas: Spring Publication, 1983),3; 에니마는 남성 속에 잠재되어있는 여성적인 성향을 말한다.20

11) 앞의 책, 101.20

12) Nancy Mayer, op.cit., 212.20

13) 중앙일보(2001/8/7,5면).20

14) Nancy Mayer, op.cit., 105.20

15) Brenda Shoshanna,op. cit., 149.20

16) Nancy Mayer,op.cit.,105.20

17) Ibid., 101.20

18) Jim Conway, *Men in Midlife* Crisis(Chariot Victor Publishing, 1977), 102.20

19) Erik Erikson, *Life Cycle Completed* (Norton: New York & London, 1994), 68.20

20) Erik Erikson, *Childhood and Society* (Norton: New York * London, 1963), 267.20

21) Donald Capps, *Life Cycle Theory and Pastoral Care*, 58.20

22) James Poling, *The Power of Abuse: A Theological Problem*(Nashville: Abingdon Press, 1991), 96.20

23) Donald Capps, *Deadly Sins and Saving Virtues*, 25.20

24) Ibid.20

25) Ibid., 26.20

26) Stephen Mitchell, *Relational Concepts in Psychoanalytic* (Cambridge, Massachusetts: Harvard University, 1988), 180–181.20

27) Ibid.20

28) Otto *Kernberg, Borderline Conditions and Pathological Narcissim* (New York: Jason Aronson, 1975), 234.20

29) Stephen Mitchell, op. cit., 182.20

30) Otto Kernberg, op.cit., 233.20

31) Erik Erikson, *Childhood and Society*, 267.20

32) Ibid., 33.20

33) Edwin Fredman, *Family Process in Church and Synagogue* (New York: The Guilford Press, 1985).20

34) Michael St. Clair, *Object Relations and Self Psychology*(New York: ITP, 1996),14.20

35) Edward Wimberly, *Pastoral Counseling and Spiritual*

Values(Nashville: Abingdon, 1982), 107.20

제4장

1) Sigmund Freud, Beyond the Pleasure Principle, trans. James Strachey(New York: Bantam Books, 1959), 25

2) igmund Freud, Civilization and Its Discontents, trans, James Strachey(New York: W.W. Norton and Company, 1961), 18–19.

3) Sigmund Freud, Beyond the Pleasure Principle, 26.

4) Sigmund Freud, Civilization and Its Discontents, 69.

5) Ibid., 48.

6) igmund Freud, Introductory Lectures on Psycho–Analysis, SE, 16(London: Hogarth Press, 1973), 284.

7) Sigmund Freud, Beyond the Pleasure Principle, 76–77.

8) Ibid., 22–24.

9) Ibid., 23.

10) Ibid., 24.

11) Ibid., 24.

12) Joan Berzoff, et. al., *Inside Out and Outside in* (New Jersey, London: Aronson Inc., 1996), 106.

13) Sigmund Freud., *Civilization and Its Discontents*, 50–51.

14) James Nelson, *The Intimate Connection: Male Sexuality, Maculine Spirituality*(Philadelphia: The Westminster Press, 1988), 73.

15) Jim Conway, op. cit., 102.

16) Ernest Becker, *The Denial of Death*(New York & London: The

Free Press, 1973), 41

17) Nancy Mayer, op. cit., 102.

18) James Nelson, op. cit., 34.

19) Ibid.

20) Ibid.

21) Gail Sheehy, *New Passage: Mapping Your Life Across Time*(New York: Random House, 1995), 337-338.

22) James Nelson, op. cit., 35.

23) Ibid.

24) Ibid.,35.

25) James Poling, *The Power of Abuse: A Theological Problem*(Nashville: Abingdon, 1991), 67-69.

26) 재인용. James Nelson, *The Intimate Connection*, 74.

27) Ibid.

28) James Poling, op. cit., 1-13.

29) George H. Mead, *On Social Psychology*, ed. Anselm Strauss(Chicago: University of Chicago, 1964), 120-121.

30) Ibid.

31) John Gray, *Men from Mars, Women form Venus*(San Francisco: HarperCollins Publishers, 1992), 16.

32) Ibid.

33) Carol Gilligan, *In a Different Voice*(Cambridge: Harvard University, 1982),16.

34) Ibid., 167-169.

35) Ibid., 154-159.

36) Julia Wood, *Who Cares? Women, Care and Culture*(Carbondal and
    Edwardsville: Southern Ilinois University Press, 1994), 33.

37) Stephen Boyd, *The Men We Long to Be: Beyond Domination to a
    New Christian Understanding of Manhood* (New York: Pilgrim
    Press, 1992), 26.

38) Susan Forward & Joan Torress, *Men who hate women and the
    women who love them*, 1986.

39) Michael McGrill, op. cit., 84.

40) Lillian Rubin, *Intimate trangers: men and women together*.1983.

41) Samuel Osherson, *Finding our fathers: the unfinished business of
    manhood*, 1986.

42) Stephen Boyd., op. cit., 27.

43) Daniel Freedman, op. cit., 27.

44) Ibid., 148−149.

45) James Poling, op. cit.

46) Stephen Boyd, op. cit., 6.

47) Ibid., 26.

48) Ibid.

49) Sigmund Frued, "Thoughts on War and Death" *in Collected
    Paper, Vol.* 4. trans. Joan Riviere(New York: Basic Books, Inc.,
    1959), 304−305.

50) Elliott Jaques, "The Midlifle Crisis" in *The Course of Life, Vol.
    3.*(Eds.), Stanely Greespan & George Pollock (East Aelphi,
    Maryland: U.S. Department of Health and Human Services,
    1981), 4.

51) Judd Mamor, "The Crisis of Middle Age" in *Psychiatry in Transition*(New York & London: Brunner?Mazer Publishers, 1976), 72.

52) 재인용, George Valliant, Adaptation to Life.

53) 이 두 용어는 퓰리처 수상을 한 Ernest Becker의 용어이다.

54) Nancy Mayer, op. cit., 4.

55) Judd Mamor, "The Crisis of Middle Age" in *Psychiatry in Transition*(New York & London: Brunner/Mazer Publishers, 1976), 72.

56) Irvin Yalom, *Exisential Psychotherapy*『실존주의 심리치료』(서울: 학지사, 2013), 236–240.

57) Ernest Becker, *The Denial of Death*(New York and London: The Free Press, 1973), 21.

58) Ibid., 5.

59) Ibid., 41.

60) Ibid., 160.

61) Ibid., 5.

62) Ibid., 3.

63) Paul Tillich, *Courage To Be*(New Haven: Yale University, 1961).

64) Elliott Jaques, "Death and the Mid−life Crisis"

65) 재인용, Irvin Yalom,『실존주의 심리치료』, p.256−259.

66) Leo Tolstoy, 'The Death of Ivan Illich' in *Great Short Works of Leo Tolstoy*(New York: Harper & Low, 1967), 278.

67) Ibid., 294.

68) Ibid., 295.

69) Leo Tolstoy, My *Confession, My Religion, The Gospel in Belief*(New York: Charles Scribner, 1929), 12.

70) 재인용, Irvin Yalom, 53.

제5장

1) George Valliant, *Adaption to Life*, Ch. 14.

2) 임경수, 『애착이론과 역기능 발달상담』(서울: 학지사, 2014)

3) Polly Young-Eisendrath & James Hall, *Jung's Self Psychology: A Constructive Perspective*(New York & London: The Guilford Press, 1991), 29.

4) Carl Jung, *CW*. 7, 238.

5) Carl Jung, *CW*. 9-1, 23-24.

6) George Valliant, Ch. 7.

제6장

1) Leo Tolstoy, *My Confession, My Religion, The Gospel in Belief*(New York: Charles Scribner, 1929), 12.

2) Wallace Clift, *Jung in Christianity: The Challenge of Reconciliation*(New York: Crossroad, 1994), ix.

3) Jay Rohrilich, 31.

4) 신동아, 2000년 4월호, '중년의 벽, 좌절과 도약의 갈림길'

5) Erik Erikson,

6) Carl Jung, *CW, Vol.* 8, 399.

7) Carl Jung, *Word and Image , Bollingen Series XCVII: 2(ed.)*, Aniela Jaffe(New Jersey: Princeton University Press, 1979), 123.

8) Carl Jung, *CW, Vol.11*, 112−113.

9) Justin Lim, *Male Mid-life Crisis*(New York: University Press of America, 2000), 23.

10) Paul Tillich, *Courage to Be*

11) Daniel Levinson, et. al., *The Seasons of a Man's Life* (New York: Ballantine Books, 1978), 195.

12) Daneil Levinson,

13) Edward Edinger, *Ego and Archetype*(New York & Boston: Shambala, 1992), 107.

14) 신동아, 2000년 4월호, '중년의 벽, 좌절과 도약의 갈림길'

15) Tu Wei−Ming, *Centrality and Commonality:An Essay on Confucian Religiousness*(New York: State University of New York Press, 1989), 109

16) Herbert Fingarette, *Confucius: The Secular as Sacred*(New York: Harper & Row Publisher, 1972), 79

17) Paul Tourier, 『인간의 자리』(서울: NUN: 2011), 156.

18) David Gutmann, *Reclaimed Powers: Men and Women in Later Life* (Evanston, IL: Northwestern University, 1994), 94.

19) Ibid., 81.

20) Carl Jung, *Modern Man in Search of a Soul*(San Diego, New York, London:Harvest/HBJ Book, 1933), 106−107.

저자 소개

임경수

계명대학교 인문국제학대학 교수이며, 노스웨스턴대학교, 시카고대학교, 시카고 칼 융 연구소에서 심리학을 수학하였고, 노스웨스턴 메모리얼 병원에서 임상실습을 하였다. 이후 시카고 신학대학에서 융 분석가인 로버트 모어(Robert Moore) 교수의 지도로 남성 중년기에 관한 논문으로 박사학위를 받았다. 한국기독교상담심리학회감독, 한국목회상담학회 감독, 한국임상목회협회감독, 한국가족문화협회감독으로 상담 활동을 하고 있다.

저서

Male Mid-life Crisis: Psychological Interpretations, Theological Issues and Pastoral Intervention(Lanham · New York · Oxford: University Press of America, 2000)
인간발달이해와 기독교상담(서울: 학지사, 2013)
신학과 심리학에서 본 인간이해(서울: 학지사, 2007)
인생의 봄과 가을: 중년심리이해와 분석(서울: 학지사, 2005)
인간관계심리(서울: 시그마프레스, 2013)
애착이론과 역기능발달상담(서울: 학지사, 2014)
불안심리: 마음의 집이 없는 사람(서울: 학지사, 2015)

역서

실존주의심리치료(Existential Psychotherapy, 서울: 학지사, 2007)